GRAMMAIRE

FRANÇAISE,

ÉLÉMENTAIRE,

SUR UN PLAN TRES-MÉTHODIQUE;

A L'USAGE

DES ÉCOLES PRIMAIRES, DES PENSIONS
DE DEMOISELLES, ETC.;

PAR M. DESSIAUX,

CHEF D'ÉCOLE PRIMAIRE.

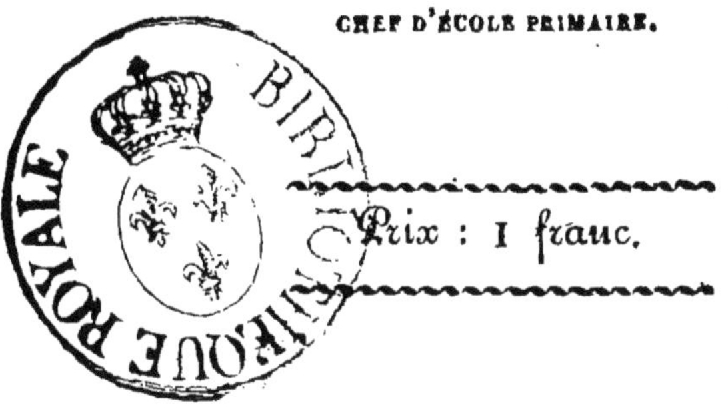

Prix : 1 franc.

A ISSOUDUN,

CHEZ CHARLES SAINT-JACQUE,

IMPRIMEUR-LIBRAIRE.

1826.

Cet Ouvrage se trouve aussi chez l'Auteur,
maison de l'ancien Collége, à Issoudun.

Imprimerie de C. Saint-Jacque,
à Issoudun.

PRÉFACE.

On me taxera sans doute de témérité et de présomption, en me voyant donner au public de nouveaux élémens de grammaire française, après les ouvrages qui ont été publiés en ce genre, et qui ont mérité les suffrages des gens éclairés.

Livré dès mes jeunes années à l'instruction de la jeunesse, j'ai trouvé, peut-être à tort, des imperfections, des erreurs même dans les petites grammaires dont je me suis servi pour mon école. J'ai cru pouvoir mieux faire, et j'ai pris la plume. Je me suis dépouillé de tout esprit de système, persuadé qu'on ne doit offrir aux enfans que des principes généralement adoptés, dont la raison sévère a sanctionné la justesse, et non ses propres opinions. Je me suis appliqué surtout à ne rien laisser sans définition : la définition étant le flambeau de l'art de raisonner.

Je n'ai adopté la méthode de personne ; et, si l'on confronte mon livre avec ceux qui ont paru dans le même genre, on verra que je ne suis ni un copiste éhonté, ni un servile imitateur. (Voyez les chapitres de *l'Adjectif*, du *Verbe*, du *Participe*, etc.)

Le seul désir de me rendre utile m'a soutenu dans ce travail sans gloire, mais qui peut ne pas être sans utilité : car mon but a été d'inspirer à l'enfance le goût de l'art grammatical ; si je réussis, je serai suffisamment récompensé.

J'ai suivi la nouvelle orthographe adoptée par l'Académie.

Tout exemplaire est revêtu de ma signature ; tout contrefacteur serait poursuivi.

GRAMMAIRE

FRANÇAISE,

ÉLÉMENTAIRE.

INTRODUCTION.

La Grammaire française est l'art de parler et d'écrire correctement en français.

Parler et écrire, c'est exprimer sa pensée par des mots.

Les mots sont donc les signes de nos pensées. Ce sont ou des sons formés par la bouche (*parler*), ou des caractères tracés par la main (*écrire*).

Les mots sont composés de lettres.

Le recueil des lettres dont on se sert pour former les mots d'une langue s'appelle *Alphabet*.

L'*Alphabet* français comprend vingt-cinq lettres, qui se divisent en *voyelles* et en *consonnes*.

Les voyelles sont *a*, *e*, *i*, *o*, *u*, *y*. On les nomme voyelles, parce que, seules, elles forment une *voix* (un son). Ces voyelles se nomment *simples*. Il y en a d'autres, comme *eu*, *ou*, *an*, *in*, *on*, *un*, que l'on nomme *composées*, parce qu'elles se forment de plusieurs lettres ; *an*, *in*, *ou*, *un*, s'appellent des voyelles *nasales*, attendu qu'on les prononce un peu du nez.

Les consonnes sont ainsi nommées, parce qu'elles ne peuvent former un son qu'avec le secours des voyelles. Il y en a dix-neuf, savoir : *b*, *c*, *d*, *f*, *g*, *h*, *j*, *k*, *l*, *m*, *n*, *p*, *q*, *r*, *s*, *t*, *v*, *x*, *z*.

Les voyelles sont longues ou brèves.

Les voyelles longues sont celles sur lesquelles on appuie quelque temps en les prononçant.

Les voyelles brèves sont celles sur lesquelles on passe rapidement.

EXEMPLES.

A est long dans *pâte* et bref dans *patte*.

E est long dans *bête* et bref dans *bette* (légume).

I est long dans *île* et bref dans *il* (pronom).

O est long dans *hôte* et bref dans *hotte*.

U est long dans *mûre* (fruit) et bref dans *mur* (de maison).

Eu est long dans *jeûne* (abstinence) et bref dans *jeune* homme.

Ou est long dans *je goûte* (un mets) et bref dans *goutte* (d'eau).

Il y a trois sortes d'*e* : l'*e* muet, l'*é* fermé, l'*è* ouvert.

L'*e* muet est celui dont le son est peu sensible, comme dans *je*, *me*, *le* ; ou nul, comme dans *il prie*, *paiement*, *homme*.

L'*é* fermé est celui qui se prononce la bouche presque fermée, comme dans *été*, *rocher*, *nez*.

L'*è* ouvert est celui qu'on prononce la bouche fort ouverte, comme dans *succès*, *j'appelle*, *terre*.

Les mots *évêque*, *sévère*, *honnêteté*, renferment les trois sortes d'*e*.

L'*y* s'emploie tantôt pour un *i*, tantôt pour deux *i*.

Il s'emploie pour un *i* entre deux consonnes : *style*, *abyme*.

Il s'emploie pour deux *i* entre deux voyelles : *moyen*, *joyeux*. (*Pays* se prononce *pai-is*.)

La lettre *h* est muette ou aspirée. Elle est muette quand elle ne se prononce pas : *l'homme*, *l'honneur*, *l'histoire*. Elle est aspirée quand elle fait prononcer du gosier la voyelle qui la suit : *la haine*, *le héros*.

On appelle *syllabe* une ou plusieurs lettres qui se prononcent par une seule émission de voix. *Jour* n'a qu'une syllabe ; *esprit* en a deux, *vérité* en a trois. *Jour*, *es-prit*, *vé-ri-té*.

On appelle *diphthongue* une syllabe qui fait entendre deux sons distincts ; ainsi dans *diable*, *pitié*, *fruit*, etc., *ia*, *ié*, *ui* sont des diphthongues.

DES SIGNES ORTHOGRAPHIQUES.

Pour donner certaine valeur à quelques voyelles, on se sert de petits signes que l'on nomme *accens*.

Il y a trois accens : l'accent *aigu* (′), l'accent *grave* (`) et l'accent *circonflexe* (^).

L'accent aigu se met sur tous les *é* fermés, quand ils terminent la syllabe : *vérité*, *été*.

L'accent grave se met sur les *è* ouverts, quand ils terminent la syllabe, ou quand la consonne finale ne se redouble pas : *accès*, *père*, *discrète*. Cet accent sert encore de signe de distinction entre certains petits mots. Nous en parlerons plus loin.

L'accent circonflexe s'emploie pour allonger le son de la voyelle, comme dans *pâte*, *trône*; il marque aussi la suppression de quelque lettre, comme dans *âge*, *tête*, que l'on écrivait autrefois *aage*, *teste*. Cet accent sert aussi comme signe de distinction.

De l'Apostrophe.

L'apostrophe (') est un signe qui marque la suppression d'une lettre entre deux mots : *c'est*, pour *ce est* ; *l'âme*, pour *la ame*.

De la Cédille.

La cédille (¸) est un signe qui se place sous le *c* devant les voyelles *a*, *o*, *u*, pour donner à cette consonne la prononciation de l'*s* : *façade*, *leçon*, *reçu*.

Du Tréma.

Le tréma (¨) est un double point que l'on met sur une voyelle, pour la faire prononcer séparément de celle qui précède : *naïf*, *Saül*, *ciguë*. Sans le tréma, on prononcerait : *nef*, *Sol*, *cigue* ; ce dernier mot avec le son de *gue* dans *figue*.

Du Trait-d'union.

Le trait d'union ou tiret (-) est une petite

barre qui sert à marquer la liaison qui existe entre plusieurs mots : *celui-ci, donnez-le-lui, dix-huit.*

Nous reviendrons sur l'emploi de ces différens signes.

Il y a dix espèces différentes de mots qui composent le discours. De ces dix espèces de mots, six sont variables, et quatre sont invariables.

Les six espèces de mots variables sont : le *nom*, l'*article*, l'*adjectif*, le *pronom*, le *verbe*, le *participe*.

Les quatre espèces de mots invariables sont : la *préposition*, l'*adverbe*, la *conjonction*, l'*interjection*.

CHAPITRE PREMIER.

DU NOM OU SUBSTANTIF.

LE *nom* ou *substantif* est un mot dont on se sert pour désigner une personne ou une chose.

Il y a deux sortes de substantifs : le substantif *propre* et le substantif *commun*. Le substantif propre est celui qui ne convient qu'à un seul individu : *Paul, Paris, la Seine*. Le substantif commun, ou *appellatif*, est celui qui convient à tous les objets de la même espèce : *homme, ville, table*.

Parmi les noms communs, il y en a que l'on nomme *collectifs*, parce que, quoique au singulier, ils présentent à l'esprit l'idée de plusieurs personnes ou de plusieurs choses.

Les collectifs sont *généraux* ou *partitifs*. Ils sont généraux quand ils représentent une collection entière : *armée, peuple, flotte*. Ils sont partitifs quand ils représentent une collection partielle : *une foule* de peuple, *la plupart* des hommes.

Dans les substantifs il faut considérer le genre et le nombre.

Il y a deux genres, le *masculin* et le *féminin*. Les noms d'hommes ou de mâles sont du genre masculin : *un roi, un lion*. Les noms de femmes ou de femelles sont du genre féminin : *une reine, une lionne*.

Les genres représentent donc la distinction des deux sexes.

Les objets inanimés ne devraient point avoir de genre ; cependant, par imitation, on leur a donné ou le genre masculin, ou le genre féminin ; ainsi le *soleil* est du masculin, la *lune* est du féminin.

Il y a deux nombres : le *singulier* qui indique un seul objet : *un homme, le livre* ; le *pluriel* qui indique plusieurs objets : *les hommes, les livres*.

Les nombres marquent donc ou l'*unité* ou la *pluralité* des êtres.

Formation du pluriel dans les Substantifs.

RÈGLE GÉNÉRALE. On forme le pluriel des substantifs en ajoutant une *s* au singulier : *un homme*, des *hommes* ; le *livre*, les *livres*.

Première exception. Les substantifs terminés au singulier par *s*, *x*, *z*, ne changent pas au pluriel : le *bras*, les *bras*; la *voix*, les *voix*; le *nez*, les *nez*.

Deuxième exception. Les substantifs terminés au singulier par *au* et par *eu*, prennent *x* au pluriel : le *bateau*, les *bateaux*; le *feu*, les *feux*.

REMARQUE. Les substantifs en *ou* forment leur pluriel régulièrement, c'est-à-dire qu'ils prennent *s* : un *bijou*, des *bijous*; un *verrou*, des *verrous*. Excepté *chou*, *caillou*, *genou*, *hibou*, qui prennent *x* : les *choux*, les *cailloux*, etc. (1).

Troisième exception. Les substantifs terminés au singulier par *al*, changent au pluriel *al* en *aux* : le *mal*, les *maux*; le *cheval*, les *chevaux*. Excepté le *bal*, le *régal*, le *carnaval*, qui font les *bals*, les *régals*, les *carnavals*.

REMARQUE. Les substantifs en *ail* forment leur pluriel régulièrement en prenant une *s* : le *portail*, les *portails*; le *gouvernail*, les *gouvernails*. Excepté *bail*, *travail*, *corail*, *émail*, *soupirail*, qui font *baux*, *travaux*, *coraux*, *émaux*, *soupiraux*. *Ail*, espèce d'oignon, fait *aulx* (2). *Bétail* n'a point de pluriel. *Travail* fait au pluriel *travails*, quand il signifie une machine où l'on ferre les chevaux

---

(1) Il est à désirer que l'Académie supprime cette exception, qu'un ridicule usage seul justifie.

(2) Il faut éviter l'emploi du mot *aulx*; dites : des *gousses d'ail*.

vicieux, ou quand il signifie le compte qu'un chef d'administration rend à son supérieur.

Aïeul, *ciel*, *œil*, font au pluriel *aïeux*, *cieux*, *yeux*.

Cependant, *aïeul* fait au pluriel *aïeuls*, quand il ne désigne que le grand-père paternel et le grand-père maternel : *mes deux* aïeuls *vivent encore*.

Ciel fait au pluriel *ciels*, dans *ciels de lits*, *ciels de tableaux*, et dans le sens de climat : *l'Italie est sous un des plus beaux* ciels *de l'Europe*.

Œil fait au pluriel *œils*, dans *œils de bœuf* (petites lucarnes). Quelques grammairiens estimés ont dit : *les* œils *de la soupe*, *du fromage*, etc.; mais l'Académie n'est pas de cet avis; dites : *les* yeux *de la soupe*, *du fromage*, etc.

REMARQUE. Les substantifs terminés par *ant* et par *ent*, conservent ou perdent le *t* au pluriel. L'usage permet d'écrire les *enfans*, les *présens*, ou les *enfants*, les *présents* ; mais, dans les substantifs qui n'ont qu'une syllabe, la suppression du *t* n'a jamais lieu : les *gants*, les *dents*. Il vaut mieux ne jamais supprimer le *t*.

Observations sur le genre des Substantifs.

Les substantifs n'ont ordinairement qu'un genre ; cependant plusieurs exigent quelques observations à ce sujet.

Délice, masculin au singulier, est féminin au pluriel : *c'est* un *délice que de faire des heureux ; l'étude fait mes plus* chères *délices*.

Orgue est aussi masculin au singulier et féminin au pluriel : un bel *orgue, de* belles *orgues.*

Couple est masculin quand il désigne deux personnes unies par le mariage : *un heureux couple ;* et quand il désigne le mâle et la femelle des animaux : *un couple* de pigeons. Mais *couple* est du féminin quand il marque seulement le nombre *deux : une couple* d'œufs, *une couple* de chapons (1)

Exemple est féminin quand il signifie un modèle d'écriture : *une belle exemple* de coulée.

Exemple est masculin dans tout autre cas : *les bons exemples* valent mieux que les bons préceptes.

Enfant est masculin quand il désigne un petit garçon, et féminin quand il désigne une petite fille.

Gens est féminin quand l'adjectif précède : *toutes* les *bonnes gens.* Il est masculin quand l'adjectif est après : *tous* les *gens heureux.* On voit que l'adjectif *tous* ne varie que quand il est lui-même suivi d'un autre adjectif.

L'usage a voulu que plusieurs substantifs qui désignent des emplois, des professions ordinairement exercées par des hommes, conservassent le genre masculin quand on les appliquerait à des femmes ; ainsi l'on dira d'une femme : c'est *un bon auteur ;* elle est *médecin, philosophe, poète,* etc.

---

(1) Quand deux choses vont ensemble par une nécessité d'usage, on se sert du mot *paire :* une *paire* de bas, de bottes, de bœufs, etc.

Observations sur le nombre, *dans les Substantifs.*

I. Beaucoup de substantifs n'ont pas de pluriel ; ce sont : 1°. les noms de métaux, de vertus, de vices, etc., etc. : l'*or*, l'*argent*, la *justice*, la *candeur*, l'*avarice*....., la *jeunesse*, la *froideur* ; 2°. les adjectifs et les verbes pris *substantivement :* le *beau*, l'*utile*, le *boire*, le *manger*.

II. Il y a des substantifs qui ne prennent pas la marque du pluriel, bien qu'il y ait pluralité dans l'idée ; ce sont : 1°. les noms propres : les deux *Caton*, les deux *Corneille*, les deux *Racine*. Mais, quand par ces noms, on désigne les personnes qui ressemblent aux grands hommes qui les ont portés, ils deviennent alors des noms communs, et prennent *s* au pluriel : la France a eu ses *Catons*, ses *Virgiles*, ses *Césars* ; 2°. les noms qui, des langues étrangères, ont passé dans la nôtre : les *duo*, les *accessit*, les *ave-maria*. Sont exceptés : les *opéras*, les *numéros*, les *factums* (prononcez *factons*), les *bravos*, qu'un usage fréquent a naturalisés.

III. Il y a des substantifs qui n'ont pas de singulier. Ils désignent plusieurs choses distinctes, réunies sous le même nom. Voici les principaux : *ancêtres*, *appas*, *bestiaux*, *décombres*, *matériaux*, *pleurs*, *vitraux* sont du genre masculin ; *broussailles*, *entrailles*, *funérailles*, *mœurs*, *ténèbres*, *vêpres* sont du genre féminin.

CHAPITRE II.
DE L'ARTICLE.

L'ARTICLE est un petit mot qui, sans rien énoncer par lui-même, se place devant les noms communs, en détermine le sens, et en marque le genre et le nombre.

L'article est *le*, *la*, *les*. *Le* se met devant un nom masculin au singulier : *le père*, *le rosier*. *La* se met devant un nom féminin aussi au singulier : *la mère*, *la rose*. *Les* se met devant tous les noms au pluriel, soit masculins, soit féminins : *les pères*, *les mères*.

REMARQUE. On retranche *e* dans *le*, et *a* dans *la*, devant une voyelle ou une *h* muette ; ainsi on dit *l'argent* pour *le argent*, *l'histoire* pour *la histoire*. Alors on remplace la lettre retranchée par une apostrophe. Cette suppression des lettres *e*, *a*, se nomme *élision*.

Le, *la*, *les* s'appellent *articles simples*, parce qu'ils ne renferment point en eux de mot étranger, et par opposition avec *au*, *aux*, *du*, *des*, que l'on appelle *articles composés*, parce qu'ils se forment des articles simples *le*, *les*, et des prépositions *à*, *de*.

Au est mis pour *à le* : plaire *au* roi.
Aux pour *à les* : plaire *aux* rois, *aux* reines.
Du est mis pour *de le* : l'ami *du* roi.
Des pour *de les* : l'ami *des* rois, *des* reines.

Au, *du* sont du masculin ; *aux*, *des* sont des deux genres. Cette réunion de l'article avec une préposition se nomme *contraction*. *La* ne se contracte jamais : *de la reine*, *à la reine*. *Le* ne se contracte pas devant une voyelle : *de l'homme*, *à l'homme*.

Du, *de la*, *des* sont *articles partitifs* quand ils font prendre dans un sens de *partie* les substantifs auxquels ils sont joints : *j'ai mangé du pain*, *de la viande*, *des fruits*.

Première remarque. Si le substantif est précédé d'un adjectif, on met *de* et non *du*, *de la*, *des* : *j'ai mangé* de *bon pain*, de *bonne viande*, de *bons fruits*.

Deuxième remarque. Mais si le substantif et l'adjectif sont liés d'une manière inséparable, ils doivent être considérés comme ne formant qu'un seul mot ; alors il ne faut pas employer *de* ; dites : des *petits maîtes*, des *jeunes gens*, des *grands hommes*.

De la répétition et de la suppression de l'Article.

I. On répète l'article devant tous les substantifs dont la signification est déterminée. La signification d'un substantif est déterminée toutes les fois qu'il particularise clairement les personnes ou les choses dont on parle.

EXEMPLE. Le *cœur*, l'*esprit*, les *mœurs*, *tout gagne* à la *culture*.

Il ne faut donc pas dire : les *père et mère de cet enfant* ; la grammaire exige : le *père et* la *mère*, etc.

L'article se répète devant les adjectifs qui ne qualifient pas le même substantif : le *premier et* le *second étage*. Le mot *étage* est sous-entendu après le *premier*. Il ne faut donc pas dire : *l'histoire ancienne et moderne ;* la grammaire exige : *l'histoire ancienne et* la *moderne.*

II. On supprime l'article devant les noms communs dont la signification est indéterminée. La signification d'un nom est indéterminée toutes les fois qu'il ne désigne que vaguement les personnes ou les choses dont on parle : *lit à colonnes, table de marbre.* Il ne s'agit ici ni de colonnes particulières, ni d'un marbre particulier.

L'on dira de même : *une foule* de *pauvres, il a peu* de *talens ;* mais il faudrait dire : la *foule* des *pauvres que j'ai assistés.* Dans le premier cas, *pauvres* et *talens* sont indéterminés : voilà pourquoi on supprime l'article. Dans le second cas on met l'article, parce que le mot *pauvres* est déterminé par ce qui suit.

CHAPITRE III.

DE L'ADJECTIF.

L'ADJECTIF est un mot qui désigne la qualité, ou la manière d'être du substantif auquel il est joint. Quand je dis : *cheval blanc, ce cheval, mon cheval,* les mots *blanc, ce, mon* sont des adjectifs, parce qu'ils expriment certaines qualités, ou manières d'être du substantif *cheval. Blanc* en désigne la couleur ; *ce,* qu'il est présent à mes yeux ; *mon,* qu'il m'appartient.

2*

Il y a donc plusieurs sortes d'adjectifs ; ce sont : 1°. les *adjectifs qualificatifs* ; 2°. les *adjectifs numéraux* ; 3°. les *adjectifs démonstratifs* ; 4°. les *adjectifs possessifs* ; 5°. les *adjectifs indéfinis.*

I. — *Des Adjectifs qualificatifs.*

Les adjectifs qualificatifs sont ceux qui expriment une qualité physique : *homme* noir, ou morale : *homme* courageux.

Mais un homme peut être *plus* courageux ou *moins* courageux qu'un autre ; un homme peut être courageux au *suprême* degré.

Les adjectifs qualificatifs peuvent donc exprimer la qualité ou simplement : *cheval* blanc, ou comparativement : *cheval* plus *blanc*, ou comme portée à un point fort élevé : *cheval* très *blanc* ; de là trois degrés de qualification : le *positif*, le *comparatif*, le *superlatif.*

Le positif exprime simplement la qualité : *cheval* blanc, *homme* savant.

Le comparatif exprime la qualité avec comparaison. Quand on compare deux objets, on trouve nécessairement que l'un est ou supérieur, ou inférieur, ou égal à l'autre ; de là trois comparatifs :

1°. Le comparatif de *supériorité* énonce la qualité à un degré plus élevé dans un objet que dans un autre. Il se forme en mettant *plus* avant l'adjectif : *le soleil est* plus brillant *que la lune* ;

2°. Le comparatif *d'infériorité* énonce la

qualité à un degré moins élevé dans un objet que dans un autre. Il se forme en mettant *moins* devant l'adjectif : *la lune est* moins brillante *que le soleil* ;

3°. Le comparatif d'*égalité* énonce la qualité à un degré aussi élevé dans un objet que dans un autre. Il se forme en mettant *aussi*, *autant* avant l'adjectif : *César était* aussi brave *qu'Alexandre* ; *César était* brave autant *qu'Alexandre l'avait été.*

Remarque. Nous avons trois adjectifs qui expriment seuls un comparatif : *meilleur* au lieu de *plus bon*, qui ne se dit pas ; *moindre* au lieu de *plus petit* ; *pire* au lieu de *plus mauvais.*

Le superlatif exprime la qualité portée au suprême degré, soit en plus, soit en moins. Il y a deux superlatifs : l'un *absolu*, l'autre *relatif.*

Le superlatif *absolu* marque le suprême degré sans comparaison. On le forme en mettant *très, fort, extrêmement, le plus, le moins,* etc., avant l'adjectif. *Exemples : Le style de Fénélon est* très *harmonieux,* fort *coulant,* extrêmement *doux. — C'est sur le dos que les sangliers ont la peau* le plus *dure, et où il est* le moins *facile de la percer.*

Le superlatif *relatif* marque le suprême degré avec comparaison. On le forme en mettant *le, la, les, mon, ton, son, notre, votre, leur* devant *plus, moins, mieux,* etc. : *la modestie est* la plus *rare des vertus, et n'est pas* la moins *utile ; vos* plus *chers amis, nos moindres soucis*

Rapports de l'Adjectif au Substantif.

L'adjectif exprimant la qualité du substantif et ne faisant qu'un avec lui, doit être du même genre et du même nombre que le nom auquel il se rapporte : *un homme* prudent, *une femme* prudente, *des hommes* prudents, *des femmes* prudentes. On voit que l'adjectif *prudent* varie au féminin et au pluriel.

Formation du féminin dans les Adjectifs.

Première règle. Tout adjectif terminé au masculin par un *e* muet, comme *honnête*, *tranquille*, ne change pas au féminin.

Deuxième règle. Tout adjectif qui n'est pas terminé au masculin par un *e* muet, en prend un au féminin : *vrai*, *vraie*, *petit*, *petite*, *grand*, *grande*.

Cette règle étant sujette à beaucoup d'exceptions, nous ferons les remarques suivantes :

1°. Les adjectifs terminés au masculin par une voyelle, forment leur féminin régulièrement : *vrai, vraie, nu, nue. Favori* fait *favorite ;*

2°. Parmi les adjectifs terminés par une consonne, les uns forment leur féminin régulièrement, en prenant l'*e* muet ; d'autres doublent la consonne finale avant l'*e* muet ; d'autres enfin changent de terminaison.

Terminaisons où la consonne finale se double.

El, eil. *Tel, telle ; pareil, pareille.*
En, on. *Ancien, ancienne ; bon, bonne.*
As. *Las, lasse ; bas, basse. Ras* fait *rase.*
Et. *Sujet, sujette ; muet, muette.* Mais

secret, *discret*, *inquiet*, *complet*, *concret* prennent un accent grave sur l'avant dernier *e*, et le *t* ne se double pas : *secrète*, *complète*, etc. Les adjectifs en *er* forment leur féminin de la même manière : *léger*, *légère*, *entier*, *entière*.

Les adjectifs, dans les autres terminaisons, forment leur féminin régulièrement.

EXCEPTIONS.

An. *Paysan*, *paysanne* ; *partisan*, *partisanne* (1).

Ais. *Epais*, *épaisse* ; *frais*, *fraîche*.

Il. *Gentil*, *gentille*. Os. *Gros*, *grosse*.

In. *Malin*, *benin*, *maligne*, *benigne*.

Ot. *Huguenot*, *huguenotte* ; *vieillot*, *vieillotte*, *sot*, *sotte*.

Long fait *longue* ; *tiers* fait *tierce*. *Châtain*, *fat*, *dispos* ne s'emploient pas au féminin.

REMARQUE. *Beau*, *nouveau*, *vieux*, *mou*, *fou* font au féminin *belle*, *nouvelle*, *vieille*, *molle*, *folle*, parce que ces adjectifs font aussi au masculin *bel*, *nouvel*, *vieil*, *mol*, *fol* devant une voyelle : *bel oiseau*, *vieil homme*, *fol espoir*, etc.

Adjectifs qui changent de terminaison.

Les adjectifs en *c* changent *c* en *que* : *public*, *caduc*, *turc* ; *publique*, *caduque*, *turque* ; mais *grec* fait *grecque*. *Blanc*, *franc*, *sec* font *blanche*, *franche*, *sèche*.

Les adjectif en *f* changent *f* en *ve* : *bref*, *naïf* ; *brève*, *naïve*.

---

(1) Que d'exceptions sans motif !

Les adjectifs en *x* changent *x* en *se* : *heu-reux, heureuse ; jaloux, jalouse*. Mais *doux, roux, faux* font *douce, rousse, fausse*.

Les adjectifs en *eur* ont plusieurs formes pour le féminin.

1°. Ceux qui dérivent d'un participe présent, par le changement de *ant* en *eur*, font *euse* au féminin : *mentant, menteur, menteuse ; trompant, trompeur, trompeuse ;*

2°. Ceux en *teur*, qui ne dérivent pas d'un participe présent, font *trice* au féminin : *créateur, créatrice ; accusateur, accusatrice*. Il y a peu d'exceptions ;

3°. Ceux qui expriment ou qui font entendre une comparaison forment leur féminin régulièrement : *meilleur, majeur, intérieur*, etc., font *meilleure, majeure, intérieure*.

REMARQUES. *Pécheur, vengeur, enchanteur, chasseur* font *pécheresse, vengeresse, enchanteresse, chasseresse. Gouverneur, serviteur* font *gouvernante, servante. Ambassadeur* fait *ambassadrice.*

Formation du pluriel dans les Adjectifs.

RÈGLE. Les adjectifs, tant masculins que féminins, forment leur pluriel en prenant une *s* : *bon, bonne ; bons, bonnes.*

EXCEPTIONS. 1°. Les adjectifs terminés au singulier par *s, x* ne changent pas au pluriel masculin : *un homme* épais, heureux ; *des hommes* épais, heureux ;

2°. Les adjectifs en *eau* prennent *x* au pluriel : *beau, nouveau ; beaux, nouveaux ;*

3°. Les adjectifs en *al* font leur pluriel masculin, les uns en *aux*, et c'est le plus grand nombre : *moral, moraux ; trivial, triviaux ; brutal, brutaux* ; les autres par l'addition de l'*s* : *fatal, fatals ; final, finals ; théâtral, théâtrals. Des instans* fatals, *des sons* finals.

REMARQUE. Il y a des adjectifs en *al* qui n'ont pas de pluriel masculin : *central, conjectural, doctoral, ducal, filial, jovial, magistral, monacal, marital, boréal, virginal, vocal.* L'usage finira par leur en donner un.

L'observation que nous avons faite sur les substantifs en *ant* et en *ent*, est applicable aux adjectifs terminés de la même manière : *des hommes* prudents *ou* prudens ; mais on écrira : *des hommes* lents et non *lens.*

Accord de l'Adjectif avec le Substantif.

Première règle. Tout adjectif doit être du même genre et du même nombre que le nom auquel il se rapporte : *le* bon *père, les* bonnes *mères. Bon* est du masculin et du singulier, parce que *père* est du masculin et du singulier. *Bonnes* est du féminin et du pluriel, parce que *mères* est du féminin et du pluriel.

EXCEPTIONS. 1°. L'adjectif *demi*, placé devant le substantif, s'y joint par un tiret et reste invariable : *une demi-heure, des demi-héros.* Placé après le nom, *demi* en prend le genre et n'a pas de pluriel : *quatre livres et demie ;*

2°. L'adjectif *nu* suit la même règle devant les mots *pieds, jambes, tête : nu-pieds, nu-*

jambes, *nu-tête*. Placé après le nom, *nu* s'accorde en genre et en nombre : *les pieds* nus, *la tête* nue (Observons qu'on ne peut dire *nu-pied*, *nu-jambe*, au singulier ; on dit : *un pied nu*, etc.) ;

3º. L'adjectif *feu* s'accorde avec son substantif, quand il le précède immédiatement : *la* feue *reine*, *ma* feue *mère*. Placé avant l'article, *feu* ne varie pas : feu *la reine* (1), feu *ma mère*.

Deuxième règle. Quand un adjectif se rapporte à deux substantifs singuliers, on met cet adjectif au pluriel, pour marquer ce double rapport : *le roi et le berger sont* égaux *à la mort.*

Troisième règle. Quand les substantifs sont de différent genre, on met l'adjectif au pluriel masculin : *mon père et ma mère sont* contents.

REMARQUE. Cependant, après deux ou plusieurs noms de choses, on peut faire accorder l'adjectif seulement avec le dernier, quand il fixe particulièrement l'attention, quand l'esprit ne s'attache qu'à lui : *son courage, sa prudence est* étonnante ; *il a montré un soin et une application* rare.

On pourrait dire aussi : *sa prudence et son courage sont* étonnants ; mais alors il faut avoir soin de mettre le nom masculin le dernier, pour éviter un accord désagréable.

____

(1) Dans un royaume où il y a une reine vivante, il faut dire : *la feue reine*, si l'on veut désigner celle qui l'a précédée ; s'il n'y a pas de reine vivante, on dit : feu *la reine*.

Observations. 1°. Deux adjectifs, dont le dernier qualifie le premier, restent invariables : *des cheveux* châtain-clair, *des étoffes* rose-tendre.

2°. Certains substantifs deviennent adjectifs : c'est lorsqu'ils cessent de désigner un individu ; quand je dis : *Racine était un poète*, *poète* marque ici un individu, c'est donc un substantif ; mais quand je dis : *Racine était poète*, *poète* marque une qualité, c'est donc un adjectif.

Place des Adjectifs.

Il y a des adjectifs qui se mettent avant le nom : beau *jardin*, grand *arbre* ; d'autres se mettent après le nom : *habit* rouge , *table* ronde. L'usage est le seul guide à cet égard.

Mais il y a des adjectifs qui, suivant qu'ils sont placés avant ou après le substantif, en changent la signification.

EXEMPLES.

Un honnête *homme* est un homme d'honneur ; *un homme* honnête est un homme poli.

Un grand *homme* (1) est un homme d'un grand mérite ; *un homme* grand est un homme d'une grande taille.

Un pauvre *auteur* est un auteur sans mé-

---

(1) Si les mots *grand homme* étaient suivis d'un adjectif qui exprimât une qualité physique , le mot *grand* ne s'appliquerait qu'à la la taille : *un* grand *homme sec.*

3

rite ; *un auteur* pauvre est un auteur sans fortune.

De méchants *vers* sont des vers mal faits ; *des vers* méchants sont des vers dictés par la méchanceté, etc., etc.

II. — *Des Adjectifs numéraux.*

Les adjectifs numéraux qualifient les substantifs, en y ajoutant une idée de nombre.

On en distingue de deux sortes : les *cardinaux*, les *ordinaux*.

Les adjectifs de nombre cardinaux marquent la quantité : *un, deux, trois, quatre, cinq, six, sept, huit, neuf, dix, vingt, trente, cent, mille*, etc.

Les adjectifs de nombre ordinaux marquent l'ordre ou le rang : *premier, second, troisième, quatrième, dixième, vingtième, centième, millième.* On voit qu'ils se forment des adjectifs de nombre cardinaux, à l'exception de *premier, second.*

REMARQUES. 1°. *Un*, féminin *une*, fait quelquefois fonction d'article : un *homme doit agir en homme.*

2°. *Vingt* et *cent*, précédés d'un autre adjectif de nombre, et suivis immédiatement d'un substantif, prennent le signe du pluriel, *s* : *quatre*-vingts *hommes, trois* cents *chevaux.* Suivis d'un autre adjectif de nombre, *vingt* et *cent* s'écrivent sans *s* : *quatre*-vingt-*dix hommes, trois* cent *quatre chevaux.*

3°. On dit *vingt et un, trente et un*, etc.,

jusqu'à *soixante et dix, soixante et onze ;* mais on dit *vingt-deux, trente-deux.*

4°. Pour la date des années on écrit *mil : la Loire déborda furieusement en* mil *huit cent vingt-cinq.* Partout ailleurs on écrit *mille,* qui ne prend jamais *s : deux* mille *hommes.*

5°. Les adjectifs de nombre cardinaux s'emploient quelquefois pour les ordinaux, comme dans la remarque précédente où *mil* signifie *millième ;* ainsi on dit : *Henri* quatre, pour *Henri* quatrième.

III. — *Des Adjectifs démonstratifs.*

Les adjectifs démonstratifs qualifient les substantifs, en y ajoutant une idée d'indication. Ces adjectifs sont :

Masc. sing.	Fém. sing.	Plur. des deux genres
Ce, cet.	Cette.	Ces.

REMARQUE. On met *ce* devant une consonne ou une *h* aspirée : *ce village, ce hameau.* On met *cet* devant une voyelle ou une *h* muette : *cet oiseau, cet homme.*

IV. — *Des Adjectifs possessifs.*

Les adjectifs possessifs qualifient les substantifs, en y ajoutant une idée de possession. Ces adjectifs sont :

Masc. sing.	Fém. sing.	Plur. des deux genres.
Mon.	Ma.	Mes.
Ton.	Ta.	Tes.
Son.	Sa.	Ses.
Notre.	Notre.	Nos.
Votre.	Votre.	Vos.
Leur.	Leur.	Leurs.

REMARQUES. 1°. *Mon, ton, son* s'emploient au féminin au lieu de *ma, ta, sa* devant une voyelle ou une *h* muette : *mon ame ; ton humeur.*

2°. Les adjectifs possessifs, comme les adjectifs démonstratifs, déterminent les noms de la même manière que l'article qu'ils remplacent ; d'où il suit qu'on doit les répéter dans les mêmes cas que l'article. Ne dites donc pas : *mes père et mère* ; dites : *mon père et ma mère.*

V. — *Des adjectifs indéfinis.*

Les adjectifs indéfinis qualifient les substantifs, en y ajoutant une idée de vague ou de généralité. Ces adjectifs sont :

Chaque, quelconque, nul, aucun, même, plusieurs, tout, tel, certain, quel, quelque.

Chaque est des deux genres, sans pluriel : *chaque homme, chaque femme.*

Quelconque est des deux genres et a un pluriel : *un homme quelconque, des femmes quelconques.*

Nul, féminin *nulle*, sans pluriel : *nul homme, nulle femme* ; cependant, placé devant un substantif qui manque de singulier, *nul* prend le pluriel : *il n'a versé* nuls *pleurs.*

Aucun, féminin *aucune*, suit les mêmes règles que *nul.*

Même est des deux genres et a un pluriel : *cet homme est le* même, *ces* mêmes *femmes.*

Plusieurs est des deux genres et au pluriel : *plusieurs hommes, plusieurs femmes.*

Tout, féminin *toute*, sans pluriel : *tout homme, toute femme.*

Tel, féminin *telle*, prend le pluriel : *tel homme, telles femmes.*

Certain, féminin *certaine*, prend le pluriel : *certaine femme, certains hommes.*

Quel, féminin *quelle*, prend le pluriel : *quel homme, quelles sont les femmes.*

Quelque, des deux genres, a le pluriel : *quelque passion, quelques défauts.*

CHAPITRE IV.

DU PRONOM.

LE pronom est un mot que l'on met à la place du nom, pour en rappeler l'idée et pour en éviter la répétition.

Il y a six sortes de pronoms : 1°. les *personnels*, 2°. les *démonstratifs*, 3°. les *possessifs*, 4°. les *relatifs*, 5°. les *indéfinis*, 6°. les *absolus.*

I. — *Des Pronoms personnels.*

Les pronoms personnels sont ceux qui désignent les personnes. Le mot *personne*, dans ce cas, signifie *rôle*, *personnage.*

Il y a trois personnes ou *rôles.* La première est celle qui parle ; la seconde, celle à qui l'on parle ; la troisième, celle de qui l'on parle. Ces pronoms sont :

1re. personne, sing. *je, me, moi* ; plur. *nous.* Ils sont des deux genres.

On dit *me* pour *moi*, *à moi*. *Vous* me chérissez, c'est-à-dire, vous chérissez *moi* ; *vous* me *plaisez*, vous plaisez *à moi*.

De même on dit *nous* pour *à nous* : *vous nous plaisez*, vous plaisez *à nous*.

2e. personne, sing. *tu*, *te*, *toi*; plur. *vous*.

On dit *te* pour *toi*, *à toi* : *je* te *chéris*, c'est-à-dire, je chéris *toi*; *je* te *plais*, je plais *à toi*.

De même on dit *vous* pour *à vous* : *je vous plais*, je plais *à vous*.

REMARQUE. Par politesse on dit *vous* au lieu de *tu*, au singulier. *Exemple : Monsieur, vous êtes bien bon.*

De même, par modestie, on dit *nous* au lieu de *je*, qui paraît trop tranchant. *Exemple* : nous *sommes persuadé*, etc. Dans ces deux cas, l'adjectif qui se rapporte à *nous* et à *vous* reste au singulier.

Les pronoms de la première et de la seconde personne ne se disent que des personnes et des choses personnifiées : car la première personne parle, la seconde entend. Il n'en est pas de même de la troisième, parce qu'on parle des choses aussi bien que des personnes.

3e. personne, sing. *il*, fém. *elle*; *lui*, *se*, *soi*; plur. *ils*, fém. *elles*; *eux*, *leur*, *se*.

On dit *lui* pour *à lui*, *à elle* : *je* lui *parlerai*, c'est-à-dire, je parlerai *à lui*, *à elle*.

On dit *se* pour *soi*, *à soi* : *il* se *flatte*, il flatte *soi*; *on* se *nuit*, on nuit *à soi*.

On dit *leur* pour *à eux*, *à elles* : *je* leur *parlerai*, c'est-à-dire, je parlerai *à eux*, *à elles*.

On dit *se* pour *eux*, *elles*; *à eux*, *à elles* : *ils* ou *elles* se *flattent*; *ils* ou *elles* se *nuisent*. ils flattent *eux* ou *elles* flattent *elles*, etc.

REMARQUES. 1°. Le pronom *se*, *soi* est appelé pronom *réfléchi*, parce qu'il marque le rapport d'une personne ou d'une chose à elle-même. Les pronoms *me*, *te*, *nous*, *vous* sont aussi réfléchis, quand ils sont précédés d'un pronom de la même personne : *je* me *flatte*; *tu* te *loues*; *nous* nous *blessons*, etc.

2°. Le pronom *soi* est toujours du singulier. Il se dit des personnes et des choses.

Soi, appliqué aux personnes, ne s'emploie qu'avec une expression vague, comme *on*, *chacun*, etc. : on *ne doit jamais parler de* soi ; chacun *songe à* soi.

Cependant, pour éviter l'équivoque, on peut employer *soi* avec une expression déterminée : *ce jeune homme, en remplissant les volontés de son père, travaille pour* soi. Si l'on disait *pour lui*, on ne saurait si *lui* se rapporte au père ou au fils.

Soi, appliqué aux choses, s'emploie également bien avec le défini et avec l'indéfini.

3°. *Leur*, pronom personnel, est toujours placé avant un verbe : *je* leur *plais*.

Leur, adjectif possessif, est toujours placé avant un nom : leur *ami*.

II. — *Des Pronoms démonstratifs.*

Les pronoms démonstratifs servent à montrer les personnes ou les choses qu'ils représentent. Ces pronoms sont :

Masc. sing.	Fém. sing.	Masc. plur.	Fém. plur.
Celui.	Celle.	Ceux.	Celles.
Celui-ci.	Celle-ci.	Ceux-ci.	Celles-ci.
Celui-là.	Celle-là.	Ceux-là.	Celles-là.
Ce, ceci, cela.			

REMARQUES. 1°. *Celui-ci, celle-ci*, etc., désignent un objet (personne ou chose) plus proche, ou dont on a parlé en dernier lieu ; *celui-là, celle-là*, etc., désignent un objet plus éloigné, ou dont on a parlé en ~~dernier~~ *premier* lieu. *Exemple : Henri quatre et Louis quatorze furent deux grands rois ; cependant* celui-ci *ne ressemblait guère à* celui-là.

2°. *Ceci* désigne une chose plus proche de celui qui parle ; *cela*, une chose plus éloignée : *prenez* ceci, *donnez-moi* cela. *Ce, ceci, cela* ne se disent que des choses.

3°. Il ne faut pas confondre le pronom *ce* avec l'adjectif *ce*. Celui-ci est toujours placé devant un nom : ce *bel homme ;* celui-là ne se place jamais devant un nom : *c'est* ce *que je dis.*

III. — *Des pronoms possessifs.*

Les pronoms possessifs marquent la possession des personnes ou des choses qu'ils représentent. Ces pronoms sont :

Masc. sing.	Fém. sing.	Masc. plur.	Fém. plur.
Le mien.	La mienne.	Les miens.	Les miennes.
Le tien.	La tienne.	Les tiens.	Les tiennes.
Le sien.	La sienne.	Les siens.	Les siennes.
Le nôtre.	La nôtre.		
Le vôtre.	La vôtre.	Des deux genres.	
Le leur.	La leur.	Les nôtres.	
		Les vôtres.	
		Les leurs.	

REMARQUES. 1°. On met un accent circonflexe sur *ô* dans *nôtre*, *vôtre* pronoms ; on n'en met point sur *o* dans *notre*, *votre* adjectifs.

2°. Les pronoms possessifs et les adjectifs possessifs correspondent aux trois personnes : *mon*, *ton*, *son*, etc. ; *le nôtre*, *le vôtre*, *le leur* correspondent à *moi*, *toi*, *soi*, *nous*, *vous*, *leur*.

3°. *Les miens*, *les tiens*, *les nôtres*, etc., sont quelquefois substantifs. C'est quand ils désignent les personnes qui nous sont unies par les liens du sang, ou par quelqu'autre lien. Ils ne s'emploient alors qu'au pluriel : *moi et les miens*; *eux et* les leurs.

IV. — *Des Pronoms relatifs.*

Les pronoms relatifs sont ceux qui ont une *relation*, un rapport intime avec un nom ou un pronom qui les précède et qu'on appelle *antécédent*. Ainsi dans ces phrases : *Dieu* qui *voit tout*; *le livre* que *j'ai lu* ; *le pays* où *j'ai voyagé*; *qui*, *que*, *où* sont des pronoms relatifs; *Dieu*, *livre*, *pays* en sont les antécédents.

Les pronoms relatifs sont, *qui*, *que*, *quoi*, *lequel*, *dont*, *où*, *le*, *la*, *les*, *en*, *y*.

Qui. Ce pronom, des deux genres et des deux nombres, se dit des personnes et des choses. Il est toujours de la même personne que son antécédent. Ainsi ne dites pas : *ce n'est pas* moi qui se *ferait prier* ; dites : moi qui me *ferais.*

Que est des deux genres et des deux nombres et se dit des personnes et des choses.

Quoi est des deux genres et des deux nombres et ne se dit que des choses : *ce à* quoi *je pense ; c'est une des raisons pour* quoi *je le veux.*

Lequel, masc., *laquelle*, fém. ; *lesquels, lesquelles*, plur., se dit des personnes et des choses.

Dont est des deux genres et des deux nombres et se met pour *duquel, de laquelle, desquels*, etc. : *Dieu* dont *nous parlons ; les femmes* dont *je parle.*

Où est des deux genres et des deux nombres ; il ne se dit que des choses et signifie *auquel, dans lequel* : *l'instant* où *nous naissons est un pas vers la mort ; les livres* où *j'ai lu cela.*

Le, masc., *la*, fém. ; *les*, plur. des deux genres, se disent des personnes et des choses : *aimez Dieu et adorez*-le ; *en voyant les œuvres de la création, qui peut ne pas* les *admirer ?*

Remarques. 1º. Le pronom *le* peut se rapporter à un substantif ou à un adjectif.

Quand le pronom *le* se rapporte à un substantif, il s'accorde en genre et en nombre avec ce substantif.

Si l'on demande :	*Il faut répondre :*
Êtes-vous le père de cet enfant ?	Je *le* suis.
Êtes-vous Pauline ?	Je *la* suis.
Êtes-vous les héritiers du défunt ?	Nous *les* sommes.

Alors le pronom *le, la, les* signifie *la personne, les personnes* que l'on demande.

Quand le pronom *le* se rapporte à un adjectif ou à un substantif pris adjectivement, il ne varie pas.

Si l'on demande :	*Il faut répondre :*
Monsieur, êtes-vous père ?	Je *le* suis.
Madame, êtes-vous malade ?	Je *le* suis.
Mesdemoiselles, êtes-vous sœurs ?	Nous *le* sommes.

Alors le pronom *le* signifie *cela, ce que vous dites* et non *la personne*, etc.

2°. Le pronom *le, la, les* se distingue de l'article *le, la, les*, en ce que l'article est toujours suivi d'un nom : le *frère*, la *sœur*, les *hommes*; au lieu que le pronom est toujours joint à un verbe : *je* le *connais, je la respecte, je* les *estime.*

En se dit des personnes et des choses et signifie *de lui, d'elle, d'eux, de ceci, de cela, de là :* j'aime les hommes, j'en *hais la méchanceté. Avez-vous été à Paris ? J'en suis revenu.*

Y. Ce pronom signifie *à lui, à elle, à eux, à ceci*, etc. Il se dit le plus souvent des choses : j'ai reçu vos lettres, j'y répondrai; c'est un honnête homme, fiez-vous-y.

V. — *Des Pronoms indéfinis.*

Les pronoms indéfinis sont ceux qui désignent, d'une manière indéterminée, les personnes ou les choses dont ils rappellent l'idée. Ces pronoms sont :

On, quiconque, chacun, autrui, personne, l'un l'autre, l'un et l'autre, tel, nul, qui que ce soit, quoi que ce soit.

On. Pour adoucir la prononciation, on met

l' devant *on* après *et*, *où*, *si* : *si* l'*on savait le péril* où l'*on se trouve ; on rit* et l'*on pleure tour à tour.*

On ou l'*on* est ordinairement du masculin et du singulier ; cependant il est quelquefois suivi d'un féminin et d'un pluriel : c'est quand on parle précisément d'une femme ou de plusieurs individus. 1er. cas : on *n'est pas* maîtresse *de ses actions, quand* on *est* mariée *à un homme peu complaisant.* — 2e. cas : *quand* on *s'aime tendrement,* on *est bien* malheureux *d'être* séparés.

Quiconque. Ce pronom est ordinairement masculin et toujours singulier ; cependant, quand il a un rapport bien précis à une femme, il adopte le genre féminin ; par exemple, on peut dire, en parlant à des dames : quiconque *de vous sera assez* bonne, etc.

Quelqu'un, fém. *quelqu'une* ; plur. *quelques-uns, quelques-unes.*

L'un, l'autre, l'un et l'autre pour le nombre de deux ; *les uns les autres*, etc., pour plus de deux.

Chacun, fém. *chacune; tel, telle, nul, nulle*, sans pluriel.

On, quiconque, autrui, personne, tel, nul, qui que ce soit, ne se disent que des personnes.

VI. — *Des Pronoms absolus.*

Les pronoms absolus sont ceux qui n'offrent à l'esprit qu'une idée vague, et qui ne se rapportent à rien. Ces pronoms sont :

Qui , que , quoi , il.

Qui ne se dit que des personnes : qui *se lasse d'un roi peut se lasser d'un père.*

Ce pronom est ordinairement masculin et singulier ; cependant il est quelquefois suivi d'un féminin et d'un pluriel. On dit à une femme : qui *choisissez-vous pour* compagnes ? A un homme : qui *choisissez-vous pour* amis ?

Que et *quoi* ne se disent que des choses : *je ne sais que faire ; je fais je ne sais* quoi.

Ces trois pronoms servent à interroger ; voilà pourquoi on les appelle quelquefois pronoms *interrogatifs.* Qui *a fait cela ?* Que *puis-je faire ? A* quoi *pensez-vous ?* On les distingue facilement des pronoms relatifs *qui, que, quoi,* en ce qu'ils n'ont point d'antécédent.

Il est un pronom d'une nature particulière devant les verbes unipersonnels : il *pleut*, il *faut.*

CHAPITRE V.

DU VERBE.

LE verbe est un mot qui exprime l'affirmation. Affirmer, c'est porter un jugement. Quand je dis : *Dieu* est *juste*, j'affirme que la qualité marquée par l'adjectif *juste* convient à *Dieu*, et le mot *est*, qui exprime cette affirmation, est un verbe. La totalité des mots dont on se sert pour énoncer un jugement s'appelle *proposition.*

Le verbe est le mot par excellence, puisque, sans lui, l'on ne peut exprimer aucun jugement, puisqu'il est le lien de nos pensées.

Il n'y a réellement qu'un verbe, qui est le verbe *être*, parce que lui seul peut exprimer l'affirmation. *Aimer*, *dormir*, *languir*, etc., ne sont véritablement des verbes que parce qu'ils renferment en eux le verbre *être*.

Le verbe *être* s'appelle verbe *substantif*, parce qu'il subsiste par lui-même.

Les autres verbes s'appellent verbes *adjectifs*, parce qu'ils renferment le verbe *être* et l'*attribut* ou *adjectif*, c'est-à-dire, la qualité que l'on affirme de l'objet dont on parle ; en effet, *aimer*, c'est *être aimant* ; *je languis* équivaut à *je suis languissant*.

Du Sujet.

Le sujet d'un verbe est l'objet de l'affirmation marquée par ce verbe ; c'est le mot auquel se rapporte le jugement que l'on énonce. Il répond à la question *qui est-ce qui ?* Il *aime Dieu*, la vertu *est admirée*. *Qui est-ce qui* aime Dieu ? *il* ou *lui ; qui est-ce qui* est admiré ? *la vertu ; il* et *vertu* sont donc les sujets des verbes *aimer*, *être admiré*.

Le sujet est un nom, ou un pronom, ou un verbe. Dieu *est juste*, il *est bon ;* mentir *est honteux*.

Remarque. Les pronoms *je*, *tu*, *il*, *nous*, *vous*, *ils* sont toujours sujets des verbes qu'ils accompagnent.

Du régime ou complément.

On appelle en général *complément* le mot

qui complète l'idée commencée par un autre mot. L'amour *de la vertu*, digne *de récompense*, chérir *son père; de la vertu* complète l'idée commencée par l'amour; *de récompense*, l'idée commencée par *digne; son père*, l'idée commencée par *chérir*.

Les verbes ont deux sortes de régimes ou compléments, l'un *direct*, l'autre *indirect*.

Le régime direct est celui qui complète la signification du verbe, qui achève d'en exprimer l'idée. Il répond à la question *qui?* pour les personnes, à *quoi?* pour les choses: *je chéris* mon père, je chéris *qui?* mon père; *j'aime* la vertu, j'aime quoi? la vertu.

Le régime indirect d'un verbe est celui qui ajoute, à l'idée exprimée par ce verbe, une autre idée qui complète la première. Ainsi dans: *je parle* à mon frère, *à mon frère* ajoute une idée de direction à l'idée exprimée par le verbe *parler*.

Le régime indirect s'exprime à l'aide de certains mots appelés *prépositions*.

Quelques verbes ont les deux régimes à la fois: *donner* un livre à l'enfant; *livre* est le complément direct, *à l'enfant* le complément indirect du verbe *donner*.

Les régimes des verbes sont ou des noms, ou des pronoms, ou d'autres verbes: *j'aime* Dieu, *je* vous *aime*, j'aime à *rire*.

REMARQUE. Les pronoms *le, la, les, que*, sont toujours régimes directs; *en, y, lui, leur, dont* sont toujours régimes indirects; *me, te, se*, etc., sont tantôt régimes directs et tantôt régimes indirects : *je* me *flatte*, je flatte *moi*; *je* te *parle*, je parle *à toi*.

Des différentes sortes de verbes adjectifs.

Il y a sept sortes de verbes adjectifs : le verbe *actif*, le verbe *passif*, le verbe *neutre*, le verbe *réfléchi*, le verbe *réciproque*, le verbe *pronominal*, le verbe *unipersonnel*.

Le verbe actif est celui qui exprime une action faite par le sujet et qui a un régime direct : j'aime *Dieu*, je lis *un livre*. Après le verbe actif on peut mettre *quelqu'un, quelque chose*.

Le verbe passif est celui dont le sujet reçoit, souffre l'action marquée par le verbe : *Dieu est aimé de moi, un livre est lu par moi*. Le verbe passif est le contraire du verbe actif. Il se forme du verbe actif dont on prend le régime direct pour en faire le sujet du verbe passif, comme les exemples ci-dessus le montrent.

Le verbe neutre est celui qui, comme le verbe actif, marque une action faite par le sujet; mais cette action, ou ne sort pas du sujet, comme *dormir, languir, marcher*, ou n'en sort et n'aboutit à son objet qu'indirectement : nuire *à la santé*, médire *de quelqu'un*. Ainsi les verbes neutres n'ont point de régime direct, et l'on ne peut les faire suivre de *quelqu'un, quelque chose*.

REMARQUE. Certains verbes neutres deviennent quelquefois actifs, alors ils ont un régime direct; ainsi *monter, sortir*, sont employés activement dans ces phrases : *il* monte *le bois, il* sort *son cheval.*

Le verbe réfléchi est celui qui exprime, soit l'action qu'un sujet fait sur lui-même, comme *se conduire,* se *défendre,* soit une action faite par le sujet, et qui aboutit seulement à lui, comme *se* faire une loi, *se* nuire. Dans le premier cas, le verbe réfléchi est direct, parce que les pronoms *me, te, se, nous,* etc., sont régimes directs : conduire *soi.* Dans le second cas, le verbe réfléchi est indirect, parce que les pronoms, *me, te,* etc., sont régimes indirects : nuire *à soi.*

Le verbe réciproque est celui qui exprime l'action de plusieurs sujets qui agissent réciproquement l'un à l'égard de l'autre, comme : *ces enfans* s'aiment *et se* battent ; *ils se* parlent *et se* disent *des injures.* Il y en a aussi de directs et d'indirects.

Le verbe pronominal est celui qui, se conjugant avec deux pronoms de la même personne : *je me, tu te, il se,* etc., n'exprime cependant ni l'action d'un sujet sur lui-même, ni une action qui aboutisse au sujet. Dans je *m'évanouis, le temps se couvre,* on ne peut pas dire j'évanouis *moi,* ni *à moi;* le temps couvre *soi,* ni *à soi.* On voit même, par cette dernière proposition, que les verbes pronominaux qui ont pour sujet un nom de chose inanimée, expriment une action qui n'est pas même faite par le sujet ; alors ils ont une signification passive ; en effet, cette proposition : *cela se voit souvent*, équivaut à celle-ci : *cela est vu souvent.*

Les verbes pronominaux sont, ou *essentiels*, ou *accidentels*. Les essentiels sont ceux qui ne peuvent s'employer autrement qu'avec deux pronoms de la même personne : *se repentir, s'emparer*, etc.

Les accidentels sont ceux qui peuvent s'employer autrement : *se couvrir, s'apercevoir*, etc. On peut dire sans les deux pronoms : *je couvre, tu aperçois.*

Les pronoms *me, te, se*, etc., sont toujours régimes directs des verbes pronominaux.

Le verbe unipersonnel est celui qui ne s'emploie qu'à la troisième personne du singulier, comme : *il faut, il pleut, il importe.*

Première remarque. Certains verbes qui ne sont pas unipersonnels de leur nature, le deviennent quelquefois : *il est évident que*, etc. ; *il convient, il y a.*

Seconde remarque. Il y a des verbes qui sont à la fois unipersonnels et pronominaux : *il ne s'agit pas de cela ; il s'est écoulé bien des années.*

Des accidents ou modifications du verbe.

Les verbes admettent quatre sortes de modifications ou changemens de formes. Le *nombre*, la *personne*, le *mode* et le *temps.*

1º. Le nombre est la forme que prend le verbe, selon que le sujet est singulier ou pluriel : *je chante, tu finis ; nous chantons, vous finissez.*

2°. La personne est la forme que prend le verbe, selon que le sujet est à la première, à la seconde ou à la troisième personne : *je finis*, *il finit*. Chaque nombre a les trois personnes : *je*, *tu*, *il*, pour le singulier ; *nous*, *vous*, *ils*, pour le pluriel.

3°. Le mode est la forme que prend le verbe, pour indiquer de quelle manière on présente l'affirmation. (*Mode* signifie *manière*.) Il y a cinq modes : l'*indicatif*, le *conditionnel*, l'*impératif*, le *subjonctif*, l'*infinitif*.

L'indicatif présente l'affirmation d'une manière positive et absolue, quel que soit le temps. *J'ai lu*, je *lis*, et je *lirai*.

Le conditionnel la présente sous la dépendance d'une condition : *je t'aimerais si tu travaillais mieux*.

L'impératif la présente sous l'idée du commandement, du désir : travaillez *et* aimez-moi.

Le subjonctif la présente d'une manière subordonnée et dépendante d'un autre verbe : *je désire que* tu viennes ; *je douterais que* tu vinsses.

L'infinitif la présente d'une manière vague, sans désignation de nombre ni de personne : *on peut* être *héros sans* ravager *la terre*.

Les quatre premiers modes s'appellent *modes personnels*, parce qu'ils admettent la distinction des personnes ; l'infinitif, n'admettant pas cette distinction, s'appelle *mode impersonnel*.

Le temps est la forme que prend le verbe,

pour indiquer à quelle partie de la durée répond l'affirmation.

Tous les jugemens que nous portons se rapportent, ou à l'instant de la parole, ou à celui qui précède, ou à celui qui suit; de là trois temps : *le présent*, *le passé*, *le futur.*

Le présent est indivisible ; mais une action peut être passée à l'égard d'une autre également passée ; une action peut être future à l'égard d'une autre également future; de là plusieurs sortes de passés et de futurs.

Il y a cinq sortes de passés.

L'imparfait qui exprime l'affirmation comme présente, relativement à une époque passée : je travaillais, *quand vous entrâtes.*

Le passé ou prétérit défini qui l'exprime dans un temps passé complétement écoulé : je lus *hier.*

Le passé ou prétérit indéfini qui l'exprime dans un temps passé, complétement écoulé ou non : j'ai lu *hier et aujourd'hui.*

Le passé ou prétérit antérieur qui l'exprime comme ayant lieu avant une autre dans un temps passé : *quand* j'eus lu *je partis.*

Le plus-que-parfait qui l'exprime dans un temps déjà passé, à l'égard d'un autre également passé : j'avais lu *quand vous entrâtes.*

Il y a deux sortes de futurs.

Le futur absolu qui exprime l'affirmation dans un temps à venir : je lirai *demain.*

Le futur antérieur qui l'exprime dans un

temps à venir, mais antérieur à une autre époque : *quand* j'aurai *lu*, *je* sortirai.

Les temps des verbes se divisent en temps simples et en temps composés.

Les temps simples sont ceux qui s'expriment en un seul mot : *je chante*, *je finissais*, *je recevrai*.

Les temps composés sont ceux qui empruntent un des temps du verbe *avoir* ou du verbe *être* : j'ai *aimé*, j'avais *fini*, j'étais *tombé*, etc.

Parmi les temps simples, il y en a qu'on appelle *temps primitifs*, parce qu'ils servent à former les autres temps. Les temps qui se forment des primitifs s'appellent *temps dérivés*. Nous en parlerons plus en détail.

Écrire ou réciter un verbe avec tous ses accidents de nombres , de personnes, de modes, de temps, cela s'appelle *conjuguer*.

Il y a quatre conjugaisons ou classes de verbes, que l'on distingue par la terminaison du présent de l'infinitif.

La première conjugaison a le présent de l'infinitif terminé en *er*, comme chanter.

La seconde en *ir*, comme *finir*.

La troisième en *oir*, comme *recevoir*.

La quatrième en *re*, comme *rendre*.

Les verbes *avoir* et *être* servent à conjuguer tous les autres dans leurs temps composés ; c'est pour cela qu'ils ont été nommés *verbes auxiliaires*.

Les temps composés prennent *avoir* :

1º. Dans tous les verbes actifs ;

2°. Dans·la plupart des verbes neutres ;

3°. Dans quelques verbes unipersonnels.

Les temps composés prennnent *être* :

1°. Dans tous les verbes passifs ;

2.° Dans quelques verbes neutres ;

3°. Dans tous les verbes réfléchis, réciproques, pronominaux ;

4°. Dans quelques verbes unipersonnels.

Enfin le verbe *être* prend l'auxiliaire *avoir.*

Nous commencerons par ces deux verbes.

Verbe auxiliaire AVOIR.

INDICATIF.

PRÉSENT.

J'ai.
Tu as.
Il *ou* elle a.
Nous avons.
Vous avez.
ils *ou* elles ont.

IMPARFAIT.

J'avais.
Tu avais.
Il *ou* elle avait.
Nous avions
Vous aviez.
Ils *ou* elles avaient.

PRÉTÉRIT DÉFINI.

J'eus.
Tu eus.
Il *ou* elle eut.
Nous eûmes.
Vous eûtes.
Ils *ou* elles eurent.

PRÉTÉRIT INDÉFINI.

J'ai eu.
Tu as eu.
Il *ou* elle a eu.
Nous avons eu.
Vous avez eu.
Ils *ou* elles ont eu.

PRÉTÉRIT ANTÉRIEUR.

J'eus eu.
Tu eus eu.
Il *ou* elle eut eu.
Nous eûmes eu.
Vous eûtes eu.
Ils *ou* elles eurent eu.

PLUS-QUE-PARFAIT.

J'avais eu.
Tu avais eu.
Il *ou* elle avait eu.
Nous avions eu.
Vous aviez eu.
Ils *ou* elles avaient eu.

FUTUR ABSOLU.

Je serai.
Tu seras.
Il *ou* elle sera.
Nous serons.
Vous serez.
Ils *ou* elles seront.

FUTUR ANTÉRIEUR.

J'aurai eu.
Tu auras eu.
Il *ou* elle aura eu.
Nous aurons eu.
Vous aurez eu.
Ils *ou* elles auront eu.

CONDITIONNEL.

PRÉSENT.

J'aurais.
Tu aurais.
Il *ou* elle aurait.
Nous aurions.
Vous auriez.
Ils *ou* elles auraient.

PASSÉ.

J'aurais *ou* j'eusse eu.
Tu aurais *ou* tu eusses eu.
Il *ou* elle aurait, *ou* il *ou* elle eût eu.
Nous aurions *ou* nous eussions eu.
Vous auriez *ou* vous eussiez eu.
Ils *ou* elles auraient, *ou* ils *ou* elles eussent eu.

IMPÉRATIF.

(Point de 1re. personne au sing.)
Aie.
Ayons.
Ayez.
(Point de 3e. personne ni au sing. ni au plur. (1)

SUBJONCTIF.

PRÉSENT OU FUTUR.

Que j'aie.
Que tu aies.
Qu'il *ou* qu'elle ait.
Que nous ayons.
Que vous ayez.
Qu'ils *ou* qu'elles aient.

IMPARFAIT.

Que j'eusse.
Que tu eusses.
Qu'il *ou* qu'elle eût.
Que nous eussions.
Que vous eussiez.
Qu'ils *ou* qu'elles eussent.

PRÉTÉRIT.

Que j'aie eu.
Que tu aies eu.
Qu'il *ou* qu'elle ait eu.
Que nous ayons eu.
Que vous ayez eu.
Qu'ils *ou* qu'elles aient eu.

PLUS-QUE-PARFAIT.

Que j'eusse eu.
Que tu eusses eu.
Qu'il *ou* qu'elle eût eu.

______

(1) *Qu'il ait*, *qu'ils aient* appartiennent évidemment au subjonctif.

Que nous eussions eu.
Que vous eussiez eu.
Qu'ils *ou* qu'elles eussent eu.

INFINITIF.

PRÉSENT.

Avoir.

PRÉTÉRIT.

Avoir eu.

PARTICIPES.

PRÉSENT.

Ayant.

PASSÉ.

Eu, eue, ayant eu.

Remarques sur AVOIR.

1º. *Avoir* est le seul verbe qui forme ses temps composés par lui-même.

2º. *Avoir* est tantôt verbe auxiliaire et tantôt verbe actif. Il est auxiliaire quand il accompagne le participe passé d'un autre verbe : j'ai *dormi*. Il est verbe actif quand il a un complément direct : j'ai *un livre*.

Verbe auxiliaire ÊTRE.

INDICATIF.

PRÉSENT.

Je suis.
Tu es.
Il *ou* elle est.
Nous sommes.
Vous êtes.
Ils *ou* elles sont.

IMPARFAIT.

J'étais.
Tu étais.
Il *ou* elle était.
Nous étions.
Vous étiez.
Ils *ou* elles étaient.

PRÉTÉRIT DÉFINI.

Je fus.
Tu fus,
Il *ou* elle fut.
Nous fûmes,
Vous fûtes.
Ils *ou* elles furent.

PRÉTÉRIT INDÉFINI.

J'ai été.
Tu as été.
Il *ou* elle a été.
Nous avons été.
Vous avez été,
Ils *ou* elles ont été.

PRÉTÉRIT ANTÉRIEUR.

J'eus été.
Tu eus été.
Il *ou* elle eut été.
Nous eûmes été.
Vous eûtes été.
Ils *ou* elles eurent été.

PLUS-QUE-PARFAIT.

J'avais été.
Tu avais été.
Il *ou* elle avait été.
Nous avions été.
Vous aviez été.
Ils *ou* elles avaient été.

FUTUR ABSOLU.

Je serai.
Tu seras.
Il *ou* elle sera.
Nous serons.
Vous serez.
Ils *ou* elles seront.

FUTUR ANTÉRIEUR.

J'aurai été.
Tu auras été.
Il *ou* elle aura été.
Nous aurons été.
Vous aurez été.
Ils *ou* elles auront été.

CONDITIONNEL.

PRÉSENT.

Je serais.
Tu serais.
Il *ou* elle serait.
Nous serions.
Vous seriez.
Ils *ou* elles seraient.

PASSÉ.

J'aurais *ou* j'eusse été.
Tu aurais *ou* tu eusses été.
Il *ou* elle aurait, *ou* il *ou* elle eût été.
Nous aurions *ou* nous eussions été.
Vous auriez *ou* vous eussiez été.
Ils *ou* elles auraient, *ou* ils *ou* elles eussent été.

IMPÉRATIF.

(Point de 1re personne au sing.)
Sois.
Soyons.
Soyez.
(Point de 3e. personne au singulier ni au pluriel).

SUBJONCTIF.

PRÉSENT OU FUTUR.

Que je sois.
Que tu sois.
Qu'il *ou* qu'elle soit.
Que nous soyons.
Que vous soyez.
Qu'ils *ou* qu'elles soient.

IMPARFAIT.

Que je fusse.
Que tu fusses.
Qu'il *ou* qu'elle fût.
Que nous fussions.
Que vous fussiez.
Qu'ils *ou* qu'elles fussent.

PRÉTÉRIT.

Que j'aie été.
Que tu aies été.
Qu'il *ou* qu'elle ait été.

Que nous ayons été.
Que vous ayez été.
Qu'ils *ou* qu'elles aient été.

PLUS-QUE-PARFAIT.

Que j'eusse été.
Que tu eusses été.
Qu'il *ou* qu'elle eût été.
Que nous eussions été.
Que vous eussiez été.
Qu'ils *ou* qu'elles eussent
 été.

INFINITIF.

PRÉSENT.

Être.

PRÉTÉRIT.

Avoir été.

PARTICIPES.

PRÉSENT.

Étant.

PASSÉ.

Été, ayant été.

Remarques sur ÊTRE.

1°. *Être* est tantôt verbe auxiliaire et tantôt verbe substantif. Il est verbe auxiliaire quand il est joint au participe passé d'un autre verbe : je *suis tombé*. Il est verbe substantif quand il est seul : je *suis* malade.

2°. Le participe *été* ne varie jamais.

Modèle de la première conjugaison en ER.

INDICATIF (1.ᵉʳ *mode*).

PRÉSENT.

Présentement
Je chante.
Tu chantes.
Il (1) chante.
Nous chantons.
Vous chantez.
Ils chantent.

IMPARFAIT.

Quand vous entrâtes
Je chantais.

Tu chantais.
Il chantait.
Nous chantions.
Vous chantiez.
Ils chantaient.

PRÉTÉRIT DÉFINI.

Hier
Je chantai.
Tu chantas.
Il chanta.
Nous chantâmes.
Vous chantâtes.
Ils chantèrent.

---

(1) Nous ne mettrons plus *elle* féminin de *il.*

PRÉTÉRIT INDÉFINI.

Hier et aujourd'hui
J'ai chanté.
Tu as chanté.
Il a chanté.
Nous avons chanté.
Vous avez chanté.
Ils ont chanté.

PRÉTÉRIT ANTÉRIEUR.

Je sortis quand
J'eus chanté.
Tu eus chanté.
Il eut chanté.
Nous eûmes chanté.
Vous eûtes chanté.
Ils eurent chanté.

PLUS-QUE-PARFAIT.

Lorsque vous vîntes,
J'avais chanté.
Tu avais chanté.
Il avait chanté.
Nous avions chanté.
Vous aviez chanté.
Ils avaient chanté.

FUTUR ABSOLU.

Demain
Je chanterai.
Tu chanteras.
Il chantera.
Nous chanterons.
Vous chanterez.
Ils chanteront.

FUTUR ANTÉRIEUR.

Je sortirai quand
J'aurai chanté.
Tu auras chanté.
Il aura chanté.

Nous aurons chanté.
Vous aurez chanté.
Ils auront chanté.

CONDITIONel. (2e.*mode*).

PRÉSENT.

Si je pouvais
Je chanterais.
Tu chanterais.
Il chanterait.
Nous chanterions.
Vous chanteriez.
Ils chanteraient.

PASSÉ.

Si j'avais pu
J'aurais *ou* j'eusse chanté.
Tu aurais *ou* tu eusses
   chanté.
Il aurait *ou* il eût chanté.
Nous aurions *ou* nous eus-
   sions chanté.
Vous auriez *ou* vous eussiez
   chanté.
Ils auraient *ou* ils eussent
   chanté.

IMPÉRATIF. (3e. *mode*).

(Point de 1re personne au sing.)
Chante.
Chantons.
Chantez.
(Point de 3e. personne au sin-
   gulier ni au pluriel).

SUBJONCTIF. (4e *mode.*)

PRÉSENT OU FUTUR.

On désire, on désirera
Que je chante.
Que tu chantes.
Qu'il chante.

Que nous chantions.
Que vous chantiez.
Qu'ils chantent.

IMPARFAIT

On désirait, on désirerait
Que je chantasse.
Que tu chantasses.
Qu'il chantât.
Que nous chantassions.
Que vous chantassiez.
Qu'ils chantassent.

PRÉTÉRIT.

On a désiré, on aura désiré
Que j'aie chanté.
Que tu aies chanté.
Qu'il ait chanté.
Que nous ayons chanté.
Que vous ayez chanté.
Qu'ils aient chanté.

PLUS-QUE-PARFAIT.

On avait désiré, on aurait désiré
Que j'eusse chanté.
Que tu eusses chanté.
Qu'il eût chanté.
Que nous eussions chanté.
Que vous eussiez chanté.
Qu'ils eussent chanté.

INFINITIF. (5e. *mode*).

PRÉSENT.

Chanter.

PRÉTÉRIT.

Avoir chanté.

PARTICIPES.

PRÉSENT.

Chantant.

PASSÉ.

Chanté , chantée, ayant chanté.

Ainsi se conjuguent les verbes *charmer, donner, achever, niveler,* etc.

Remarques sur la première conjugaison.

1°. Dans les verbes terminés en *ger,* comme *manger,* le *g* doit être suivi d'un *e* devant *a, o,* pour conserver la même prononciation : *nous mangeons, je mangeais ;* et non : *nous mangons, je mangais.*

2°. Dans les verbes en *cer,* comme *effacer,* il faut mettre une cédille sous le *c* devant *a, o,* pour qu'il conserve le son de l's : *nous effaçons, j'effaçais.*

3°. Dans les verbes dont l'avant-dernière syllable se termine par un *e* muet, comme *peser, achever, promener,* cet *e* muet devient ouvert et prend un accent grave dans tous les cas où la consonne qui le suit est suivie d'un autre *e* muet : je *pèse*, j'*achèverai*, je *promènerais*.

EXCEPTION. Dans les verbes en *eler* et en *eter*, comme *appeler*, *amonceler*, *jeter*, *cacheter*, au lieu de mettre un accent sur l'*e* on double la consonne devant un *e* muet : j'*appelle*, j'*amoncellerai*, *je jetterais*, *que je cachette*.

4°. Dans les verbes dont l'avant-dernière syllabe se termine par un *é* fermé, comme *révéler*, *répéter*, *espérer*, cet *é* devient ouvert et prend l'accent grave, quand, après la consonne qui suit, il se trouve un *e* muet : je *révèle*, j'*espèrerais*, je *répèterais*.

5°. Dans les verbes *tuer*, *suer*, etc., on met un tréma (¨) sur l'i des deux personnes plurielles de l'imparfait de l'indicatif : *nous tuïons*, *vous suïez*, pour empêcher qu'on ne prononce, *nous tui-ons*, *vous sui-ez*.

Modèle de la seconde conjugaison en IR.

INDICATIF.

PRÉSENT.

Je finis.
Tu finis.
Il finit.
Nous finissons.
Vous finissez.
Ils finissent.

IMPARFAIT.

Je finissais.
Tu finissais.
Il finissait.
Nous finissions.
Vous finissiez.
Ils finissaient.

PRÉTÉRIT DÉFINI.

Je finis.
Tu finis.
Il finit.
Nous finîmes.
Vous finîtes.
Ils finirent.

5*

PRÉTÉRIT INDÉFINI.

J'ai fini.
Tu as fini.
Il a fini.
Nous avons fini.
Vous avez fini.
Ils ont fini.

PRÉTÉRIT ANTÉRIEUR.

J'eus fini.
Tu eus fini.
Il eut fini.
Nous eûmes fini.
Vous eûtes fini.
Ils eurent fini.

PLUS-QUE-PARFAIT.

J'avais fini.
Tu avais fini.
Il avait fini.
Nous avions fini.
Vous aviez fini.
Ils avaient fini.

FUTUR ABSOLU.

Je finirai.
Tu finiras.
Il finira.
Nous finirons.
Vous finirez.
Ils finiront.

FUTUR ANTÉRIEUR.

J'aurai fini.
Tu auras fini.
Il aura fini.
Nous aurons fini.
Vous aurez fini.
Ils auront fini.

CONDITIONNEL.

PRÉSENT.

Je finirais.
Tu finirais.
Il finirait.

Nous finirions.
Vous finiriez.
Ils finiraient.

PASSÉ.

J'aurais *ou* j'eusse fini.
Tu aurais *ou* tu eusses fini.
Il aurait *ou* il eût fini.
Nous aurions *ou* nous eus-
sions fini.
Vous auriez ou vous eus-
siez fini.
Ils auraient *ou* ils eussent
fini.

IMPÉRATIF.

Finis.
Finissons.
Finissez.

SUBJONCTIF.

PRÉSENT OU FUTUR.

Que je finisse.
Que tu finisses.
Qu'il finisse.
Que nous finissions.
Que vous finissiez.
Qu'ils finissent.

IMPARFAIT.

Que je finisse.
Que tu finisses.
Qu'il finît.
Que nous finissions.
Que vous finissiez.
Qu'ils finissent.

PRÉTÉRIT.

Que j'aie fini.
Que tu aies fini.
Qu'il ait fini.
Que nous ayons fini.
Que vous ayez fini.
Qu'ils aient fini.

PLUS-QUE-PARFAIT.	PRÉTÉRIT.
Que j'eusse fini.	Avoir fini.
Que tu eusses fini.	
Qu'il eût fini.	**PARTICIPES.**
Que nous eussions fini.	
Que vous eussiez fini.	PRÉSENT.
Qu'ils eussent fini.	
INFINITIF.	Finissant.
PRÉSENT.	PASSÉ.
Finir.	Fini, finie, ayant fini.

Ainsi se conjuguent les verbes *remplir, chérir, avertir, nourrir,* etc.

Remarques sur la seconde conjugaison.

1°. Le verbe *bénir* à deux participes : *bénit, bénite* pour les choses consacrées par une cérémonie religieuse : *du pain* bénit, de *l'eau* bénite ; et *béni, bénie,* pour les autres acceptions de ce verbe : *j'ai* béni le nom du seigneur, *et le seigneur m'a* béni.

2°. Le verbe *haïr* est de deux syllabes et prend un tréma sur l'*i*, excepté aux trois personnes singulières du présent de l'indicatif, et à la deuxième personne singulière de l'impératif où il n'est que d'une syllabe et s'écrit sans tréma : je *hais, tu hais, il hait,* prononcez *je hès,* etc.

3°. Le verbe *fleurir* signifie *pousser des fleurs ;* mais quand il s'emploie au figuré, en parlant d'un empire, des sciences, etc., il fait au participe présent *florissant,* et à l'imparfait *florissait.*

Exemple : les arts et les sciences floris-saient *sous Louis XIV ; alors la France était* florissante.

Modèle de la troisième conjugaison en OIR.

<table>
<tr><td>

INDICATIF.

PRÉSENT.

Je reçois.
Tu reçois.
Il reçoit.
Nous recevons.
Vous recevez.
Ils reçoivent.

IMPARFAIT.

Je recevais.
Tu recevais.
Il recevait.
Nous recevions.
Vous receviez.
Ils recevaient.

PRÉTÉRIT DÉFINI.

Je reçus.
Tu reçus.
Il reçut.
Nous reçûmes.
Vous reçûtes.
Ils reçurent.

PRÉTÉRIT INDÉFINI.

J'ai reçu.
Tu as reçu.
Il a reçu.
Nous avons reçu.
Vous avez reçu.
Ils ont reçu.

PRÉTÉRIT ANTÉRIEUR.

J'eus reçu.
Tu eus reçu.
Il eut reçu.
Nous eûmes reçu.
Vous eûtes reçu.
Ils eurent reçu.

</td><td>

PLUS-QUE-PARFAIT.

J'avais reçu.
Tu avais reçu.
Il avait reçu.
Nous avions reçu.
Vous aviez reçu.
Ils avaient reçu.

FUTUR ABSOLU.

Je recevrai.
Tu recevras.
Il recevra.
Nous recevrons.
Vous recevrez.
Ils recevront.

FUTUR ANTÉRIEUR.

J'aurai reçu.
Tu auras reçu.
Il aura reçu.
Nous aurons reçu.
Vous aurez reçu.
Ils auront reçu.

CONDITIONNEL.

PRÉSENT.

Je recevrais.
Tu recevrais.
Il recevrait.
Nous recevrions.
Vous recevriez.
Ils recevraient.

PASSÉ.

J'aurais *ou* j'eusse reçu.
Tu aurais *ou* tu eusses reçu.
Il aurait *ou* il eût reçu.

</td></tr>
</table>

Nous aurions *ou* nous eussions reçu.
Vous auriez *ou* vous eussiez reçu.
Ils auraient *ou* ils eussent reçu.

IMPÉRATIF.

Reçois.
Recevons.
Recevez.

SUBJONCTIF.

PRÉSENT OU FUTUR.

Que je reçoive.
Que tu reçoives.
Qu'il reçoive.
Que nous recevions.
Que vous receviez.
Qu'ils reçoivent.

IMPARFAIT.

Que je reçusse.
Que tu reçusses.
Qu'il reçût.
Que nous reçussions.
Que vous reçussiez.
Qu'ils reçussent.

PRÉTÉRIT.

Que j'aie reçu
Que tu aies reçu.
Qu'il ait reçu.
Que nous ayons reçu.
Que vous ayez reçu.
Qu'ils aient reçu.

PLUS-QUE-PARFAIT.

Que j'eusse reçu.
Que tu eusses reçu.
Qu'il eût reçu.
Que nous eussions reçu.
Que vous eussiez reçu.
Qu'ils eussent reçu.

INFINITIF.

PRÉSENT.

Recevoir.

PRÉTÉRIT

Avoir reçu.

PARTICIPES.

PRÉSENT.

Recevant.

PASSÉ.

Reçu, reçue, ayant reçu.

Ainsi se conjuguent les verbes *apercevoir, concevoir, devoir,* etc.

Remarques sur la troisième conjugaison.

1°. Cette conjugaison est la moins nombreuse, et n'a qu'une trentaine de verbes dont la plupart sont irréguliers.

2°. N'oubliez point de mettre la cédille sous le ç, devant *o, u,* dans tous les verbes en *cevoir.*

Modèle de la quatrième conjugaison.

<table>
<tr><td>

INDICATIF.

PRÉSENT.

Je rends.
Tu rends.
Il rend.
Nous rendons.
Vous rendez.
Ils rendent.

IMPARFAIT.

Je rendais.
Tu rendais.
Il rendait.
Nous rendions.
Vous rendiez.
Ils rendaient

PRÉTÉRIT DÉFINI.

Je rendis.
Tu rendis.
Il rendit.
Nous rendîmes.
Vous rendîtes.
Ils rendirent.

PRÉTÉRIT INDÉFINI.

J'ai rendu.
Tu as rendu.
Il a rendu.
Nous avons rendu.
Vous avez rendu.
Ils ont rendu.

PRÉTÉRIT ANTÉRIEUR.

J'eus rendu.
Tu eus rendu.
Il eut rendu.
Nous eûmes rendu.
Vous eûtes rendu.
Ils eurent rendu.

</td><td>

PLUS-QUE-PARFAIT.

J'avais rendu.
Tu avais rendu.
Il avait rendu.
Nous avions rendu.
Vous aviez rendu.
Ils avaient rendu.

FUTUR ABSOLU.

Je rendrai.
Tu rendras.
Il rendra.
Nous rendrons.
Vous rendrez.
Ils rendront.

FUTUR ANTÉRIEUR.

J'aurai rendu.
Tu auras rendu.
Il aura rendu.
Nous aurons rendu.
Vous aurez rendu.
Ils auront rendu.

CONDITIONNEL.

PRÉSENT.

Je rendrais.
Tu rendrais.
Il rendrait.
Nous rendrions.
Vous rendriez.
Ils rendraient.

PASSÉ.

J'aurais *ou* j'eusse rendu.
Tu aurais *ou* tu eusses
 rendu.
Il aurait *ou* il eût rendu.

</td></tr>
</table>

Nous aurions *ou* nous eussions rendu.
Vous auriez *ou* vous eussiez rendu.
Ils auraient *ou* ils eussent
rendu.

IMPÉRATIE.

Rends.
Rendons.
Rendez.

SUBJONCTIF.

PRÉSENT OU FUTUR.

Que je rende.
Que tu rendes.
Qu'il rende.
Que nous rendions.
Que vous rendiez.
Qu'ils rendent.

IMPARFAIT.

Que je rendisse.
Que tu rendisses.
Qu'il rendît.
Que nous rendissions.
Que vous rendissiez.
Qu'ils rendissent.

PRÉTÉRIT.

Que j'aie rendu.
Que tu aies rendu.
Qu'il ait rendu.
Que nous ayons rendu.
Que vous ayez rendu.
Qu'ils aient rendu.

PLUS-QUE-PARFAIT.

Que j'eusse rendu.
Que tu eusses rendu.
Qu'il eût rendu.
Que nous eussions rendu.
Que vous eussiez rendu.
Qu'ils eussent rendu.

INFINITIF.

PRÉSENT.

Rendre.

PRÉTÉRIT.

Avoir rendu.

PARTICIPES.

PRÉSENT.

Rendant.

PASSÉ.

Rendu, rendue, ayant
rendu.

Ainsi se conjuguent les verbes *répondre, confondre, mordre*, etc.

Remarques sur la quatrième conjugaison.

1°. Parmi les verbes terminés en *dre*, les uns conservent le *d* au présent de l'indicatif, les autres le perdent. Tous les verbes en *indre* le perdent. *Je plains, tu éteins, il joint. Résoudre, absoudre* le perdent également. Tous les autres verbes en *dre* le conservent.

2°. Cette conjugaison a beaucoup de variétés.

FORMATION DES TEMPS.

Il faut d'abord savoir que, dans les verbes, il y a des lettres qu'on appelle *radicales*, parce qu'elles sont comme la racine du verbe ; qu'il y en a d'autres qu'on appelle *finales*, parce qu'elles marquent l'accident du verbe en le finissant. Les lettres radicales sont toujours les mêmes ; les finales changent à chaque instant. Voici les unes et les autres séparées par un tiret : *chant*-er, *fin*-ir, *rec*-evoir, *rend*-re.

Nous avons dit qu'il y a cinq temps primitifs ; ce sont : le présent de l'infinitif, le participe présent, le participe passé, le présent de l'indicatif, le prétérit défini.

Du présent de l'infinitif on forme deux temps.

1°. Le futur absolu, en ajoutant *ai* à la première et à la deuxième conjugaison : *chanter*, je *chanter*ai : *finir*, je *finir*ai ; en changeant *oir* en *rai* pour la troisième : *recev*oir, je *recev*rai ; et en changeant *re* en *rai* pour la quatrième : *rend*re, je *rend*rai.

2°. Le présent du conditionnel par le futur auquel on ajoute *s* : je *chanterai*, je *chanterais* ; je *recevrai*, je *recevrais*.

Remarque et règle. L'*y* grec se change en *i* simple devant un *e* muet. Ainsi les verbes de la première conjugaison, terminés en *yer*, comme *payer*, *noyer*, etc., font au futur et au conditionnel, je *paierai*, je *paierais* ; je *noierai*, je *noierais*.

Du participe présent on forme trois temps.

1°. Les trois personnes plurielles du présent de l'indicatif, en changeant *ant* en *ons*, pour la première : *chantant ; nous chantons, recevant, nous recevons ; ant* en *ez*, pour la seconde : vous *recevez*, vous *rendez ; ant* en *ent* pour la troisième : *chantant*, ils *chantent, finissant*, ils *finissent*. La troisième conjugaison change *evant* en *oivent, recevant, ils reçoivent*. Ainsi, le présent de l'indicatif n'est un temps primitif que par son singulier.

2°. L'imparfait de l'indicatif, en changeant *ant* en *ais* : *chantant*, je *chantais, recevant*, je *recevais, rendant*, je *rendais*.

3°. Le présent du subjonctif, en changeant *ant* en *e* muet : *chantant*, que je *chante, finissant*, que je *finisse, rendant*, que je *rende*. La troisième conjugaison change *evant* en *oive* : *recevant*, que je *reçoive*.

Remarque. *Payant* fait que je *paie, voyant* que je *voie*, par la règle ci-dessus.

Du participe passé on forme :

Tous les temps composés, en y joignant le verbe *avoir* ou le verbe *être* : j'ai *fini*, j'avais *rendu* ; je suis *aimé*, j'étais *tombé*.

Du présent de l'indicatif on forme :

L'impératif, en supprimant les pronoms : je *chante*, chante ; nous *chantons*, chantons ; vous *chantez*, chantez.

Remarque. Dans les verbes dont la seconde personne singulière de l'impératif se termine par un *e* muet, on ajoute *s* à cette seconde personne, devant les pronóms *en* et *y*, quand ils sont régimes indirects de ces verbes. On dit : chante *une chanson* ; mais il faut dire : chantes-en *deux* ; pense *à ma sœur*, penses-y *bien*.

Va, impératif du verbe *aller*, suit la même règle devant *y* : *vas-y*.

Du prétérit défini on forme :

L'imparfait du subjonctif, en changeant *ai* en *asse* pour la première conjugaison : *j'aim*ai, que *j'aim*asse ; et en ajoutant seulement *se* pour les trois autres : je *finis*, que je *finisse* ; je *reçus*, que je *reçusse* ; je *rendis*, que je *rendisse*.

DES VERBES IRRÉGULIERS.

Les verbes sont réguliers quand ils se conjuguent, dans tous leurs temps, comme le verbe modèle de la conjugaison à laquelle ils appartiennent.

Les verbes irréguliers sont ceux qui ne se conjuguent pas, dans tous leurs temps, comme le verbe modèle.

Il y a des verbes qui ne sont irréguliers qu'aux temps primitifs, comme *ouvrir, ouvrant, ouvert, j'ouvre, j'ouvris*, dont les temps dérivés se forment régulièrement, d'après les règles précédemment données. Ce verbe a trois temps primitifs irréguliers : *ouvrant, ouvert, j'ouvre* ; car le verbe modèle fait : *finissant*, *fini*, je *finis*, aux mêmes temps.

Il y a des verbes qui sont irréguliers aux temps primitifs et aux temps dérivés, comme *tenir*, qui fait, au présent, je *tiens*, au futur, je *tiendrai*.

Parmi les verbes qui ne sont irréguliers qu'aux temps primitifs, il y en a qu'on peut regarder comme une variété de la conjugaison dont ils font partie. Tels sont les verbes de la deuxième conjugaison *ouvrir*, *sentir*, et ceux de la quatrième, *paraître*, *instruire*, *joindre*, auxquels se rattachent beaucoup de verbes.

Tableau des Verbes irréguliers aux temps primitifs.

PRÉSENT de L'INFINITIF.	PARTICIPE PRÉSENT.	PARTICIPE PASSÉ.	PRÉSENT de L'INDICATIF.	PRÉTÉRIT DÉFINI.
Bouillir.	Bouillant.	Bouilli.	Je bous.	Je bouillis.
Fuir.	Fuyant.	Fui.	Je fuis.	Je fuis.
Partir (1).	Partant.	Parti.	Je pars.	Je partis.
Ouvrir (2).	Ouvrant.	Ouvert.	J'ouvre.	J'ouvris.
Sentir (3).	Sentant.	Senti.	Je sens.	Je sentis.
Servir.	Servant.	Servi.	Je sers.	Je servis.
Tressaillir (4)	Tressaillant.	Tressailli.	Je tressaille.	Je tressaillis.
Vêtir.	Vêtant.	Vêtu.	Je vêts.	Je vêtis.
Pleuvoir.	Pleuvant.	Plu.	Il pleut.	Il plut.
Battre.	Battant.	Battu.	Je bats.	Je battis.
Résoudre (5)	Résolvant.	Résolu, résous.	Je résous.	Je résolus.
Conclure (6)	Concluant.	Conclu.	Je conclus.	Je conclus.
Confire.	Confisant.	Confit.	Je confis.	Je confis.
Coudre.	Cousant.	Cousu.	Je couds.	Je cousis.
Conduire (7)	Conduisant.	Conduit.	Je conduis.	Je conduisis
Médire (8).	Médisant.	Médit.	Je médis.	Je médis.
Maudire.	Maudissant.	Maudit.	Je maudis.	Je maudis.
Paraître (9).	Paraissant.	Paru.	Je parais.	Je parus.
Croître.	Croissant.	Cru.	Je crois.	Je crus.
Écrire (10).	Ecrivant.	Ecrit.	J'écris.	J'écrivis.
Joindre (11).	Joignant.	Joint.	Je joins.	Je joignis.
Lire.	Lisant.	Lu.	Je lis.	Je lus.
Plaire (*).	Plaisant.	Plu.	Je plais.	Je plus.
Mettre.	Mettant.	Mis.	Je mets.	Je mis.
Moudre.	Moulant.	Moulu.	Je mouds.	Je moulus.
Naître.	Naissant.	Né.	Je nais.	Je naquis.
Nuire.	Nuisant.	Nui.	Je nuis.	Je nuisis.
Rire.	Riant.	Ri.	Je ris.	Je ris.
Suffire.	Suffisant.	Suffi.	Je suffis.	Je suffis.
Rompre (12)	Rompant.	Rompu.	Je romps.	Je rompis.
Suivre.	Suivant.	Suivi.	Je suis.	Je suivis.
Vaincre.	Vainquant.	Vaincu.	Je vaincs.	Je vainquis.
Vivre.	Vivant.	Vécu.	Je vis.	Je vécus.
Taire.	Taisant.	Tu.	Je tais.	Je tus.

Ainsi se conjuguent : (1) *Sortir*, *dormir*; (2) *couvrir*, *souffrir*; (3) *mentir*, *consentir*; (4) *assaillir*; (5) *absoudre*; (6) *exclure*; (7) tous les verbes en *uire*; (8) *dédire*, *contredire*; (9) tous les verbes en *aître*; (10) tous les verbes en *crire*; (11) tous les verbes en *indre* : *teindre*, *craindre*; (12) *corrompre*, etc.

(*) On met un accent circonflexe sur l'i de *il plaît*.

REMARQUE. Les composés des verbes irréguliers se conjuguent comme leurs simples; ainsi *repartir*, *convaincre*, *commettre*, se conjuguent sur *partir*, *vaincre*, *mettre*.

Tableau des Verbes irréguliers aux temps primitifs et aux temps dérivés.

PRÉSENT de L'INFINITIF.	PARTICIPE PRÉSENT.	PARTICIPE PASSÉ.	PRÉSENT de L'INDICATIF.	PRÉTÉRIT DÉFINI.
1re conj.				
Aller.	Allant.	Allé.	Je vais.	J'allai.
Envoyer.	Envoyant.	Envoyé.	J'envoie.	J'envoyai.
2e conj.				
Acquérir (1)	Acquérant.	Acquis.	J'acquiers.	J'acquis.
Courir (2).	Courant.	Couru.	Je cours.	Je courus.
Cueillir (3).	Cueillant.	Cueilli.	Je cueille.	Je cueillis.
Mourir.	Mourant.	Mort.	Je meurs.	Je mourus.
Tenir (4).	Tenant.	Tenu.	Je tiens.	Je tins.
3e conjugaison.				
Avoir.	Ayant.	Eu.	J'ai.	J'eus.
Asseoir (*).	Asseyant.	Assis.	J'assieds.	J'assis.
Mouvoir (5).	Mouvant.	Mu.	Je meus.	Je mus.
Pourvoir.	Pourvoyant.	Pourvu.	Je pourvois.	Je pourvus.
Pouvoir.	Pouvant.	Pu.	Je puis.	Je pus.
Prévoir.	Prévoyant.	Prévu.	Je prévois.	Je prévis.
Prévaloir.	Prévalant.	Prévalu.	Je prévaux.	Je prévalus.
Voir.	Voyant.	Vu.	Je vois.	Je vis.
Savoir.	Sachant.	Su.	Je sais.	Je sus.
Vouloir.	Voulant.	Voulu.	Je veux.	Je voulus.
Valoir.	Valant.	Valu.	Je vaux.	Je valus.
Surseoir.	Sursoyant.	Sursis.	Je surseois.	Je sursis.
4e conj.				
Boire (6).	Buvant.	Bu.	Je bois.	Je bus.
Dire (7).	Disant.	Dit.	Je dis.	Je dis.
Faire (8).	Faisant.	Fait.	Je fais.	Je fis.
Prendre (9).	Prenant.	Pris.	Je prends.	Je pris.

Ainsi se conjuguent : (1) *Conquérir*, etc. ; (2) *discourir*, *concourir*, etc. : (3) *Accueillir*, etc. ; (4) *venir*, etc. ; (5) *émouvoir*, etc. ; (6) *imboire* ; (7) *redire*, seul ; (8) *satisfaire*, etc. : (9) *comprendre*, *entreprendre*, etc.

(*) Quelques personnes conjuguent *asseoir* comme *surseoir*, et disent alors *j'asseois*, *j'asseoirai*, *assoyant* ; mais elles ont l'usage contre elles.

Irrégularité des verbes du tableau précédent.

Observation. Les verbes irréguliers au futur, le sont au conditionnel.

Aller. Présent : je *vais*, tu *vas*, il *va*, nous

allons ; — ils *vont*. Futur : j'*irai* ; — nous *irons*. Impératif : *va, allons*. Prés. du subjonctif : que j'*aille* ; — que nous allions ; — qu'ils *aillent*.

Envoyer. Futur : j'*enverrai*, etc. (Ce verbe n'est point irrégulier aux temps primitifs.)

Acquérir. Présent : j'*acquiers* ; — nous acquérons ; — ils *acquièrent*. Futur : j'*acquerrai*. Prés. du subjonctif : que j'*acquière* ; — que nous acquérions ; — qu'ils *acquièrent*.

Courir. Futur : je *courrai*, etc.

Cueillir. Futur : je *cueillerai*, etc.

Mourir. Présent : je *meurs* ; — nous mourons ; — ils *meurent*. Futur : je *mourrai*. Prés. du subjonctif : que je *meure* ; — que nous mourions ; — qu'ils *meurent*.

Tenir. Présent : je *tiens* ; — nous tenons ; — ils *tiennent*. Futur : je *tiendrai*. Prés. du subjonctif : que je *tienne* ; — que nous tenions ; — qu'ils *tiennent*.

Asseoir. Présent : j'*assieds* ; — nous asseyons ; — ils asseient. Futur : j'*asseierai* ou j'*assiérai*.

Mouvoir. Présent : je *meus* ; — nous mouvons ; — ils *meuvent*. Prés. du subjonctif : que je *meuve* ; — que nous mouvions ; — qu'ils *meuvent*.

Pourvoir. Futur : je *pourvoirai*, etc.

Prévoir. Futur : je *prévoirai*, etc.

Pouvoir. Présent : je *puis*, tu *peux*, il *peut*, nous pouvons ; — ils *peuvent*. Futur : je *pourrai*. Présent du subjonctif : que je *puisse*, etc.

Prévaloir se conjugue comme *valoir* ; mais il fait au prés. du subjonctif : que je *prévale*, etc.

Savoir. Présent : je *sais* ; — nous *savons*, etc. Futur : je *saurai*, etc. Impératif : *sache*, *sachons, sachez.*

Voir. Futur : je *verrai.*

Vouloir. Présent: je *veux* ; — nous voulons; — ils *veulent.* Fut. : je *voudrai.* (L'impératif n'a que la 2ᵉ. personne plur. : *veuillez.*) (1) Prés. du subj. : que je *veuille* ; — que nous voulions ; — qu'ils *veuillent.*

Valoir. Présent : je *vaux* ; — nous valons, etc. Futur : je *vaudrai*, etc. Prés. du subjonctif : que je *vaille* ; — que nous valions ; — qu'ils *vaillent.*

Surseoir. Futur : je *surseoirai*, etc.

Boire. Présent : je *bois* ; — nous buvons ; — ils *boivent.* Prés. du subjonctif : que je *boive*; — que nous buvions ; — qu'ils *boivent.*

Dire. Présent : je *dis* ; — nous disons, vous *dites*, ils disent.

Faire. Présent : je *fais* ; — nous faisons, vous *faites*, ils *font.* Futur : je *ferai*, etc. Présent du subjonctif : que je *fasse*, etc.

Prendre. Présent : je *prends* ; — nous prenons ; — ils *prennent.* Prés. du subjonctif: que je *prenne* ; — que nous prenions ; — qu'ils *prennent.*

DES VERBES DÉFECTIFS.

Les verbes défectifs sont ceux auxquels il manque certains temps ou certaines personnes que l'usage n'admet point.

---

(1) Sous ce rapport, *vouloir* est défectif.

Observations. 1°. Il n'y a point de verbes défectifs dans la première conjugaison.

2°. Tout verbe défectif qui a le participe passé, a les temps composés.

3°. Tout verbe qui a le futur, a le conditionnel.

Principaux verbes défectifs.

Seconde conjugaison.

Défaillir n'a que le pluriel du présent : nous *défaillons*, etc.; l'imparfait : je *défaillais;* — nous *défaillions;* le prétérit défini : je *défaillis,* etc.; les participes : *défaillant, défailli.*

Faillir n'a que le prétérit défini : je *faillis,* nous *faillîmes;* les participes : *faillant, failli.*

Ouïr n'a que le prét. déf. : j'*ouïs;* — nous *ouïmes;* le participe pas., *ouï, ouïe.*

Quérir n'a que ce temps.

Troisième conjugaison.

Déchoir. Futur : je *décherrai;* le reste sur *pourvoir,* sans part. prés.

Echoir n'a que la 3e. pers. sing. du prés. : il *échoit* ou il *échet;* le prét. déf. : j'*échus,* etc. ; son dérivé, que j'*échusse;* le futur : j'é-cherrai; les participes, *échéant, échu.*

Falloir n'a point de part. prés. (Voyez la conjugaison du verbe unipersonnel.)

Quatrième conjugaison.

Absoudre n'a point de prét. déf.

Accroire n'a que ce temps.

Braire n'a que le prés. : il *brait* (un âne pourrait dire : je *brais*) (1). Le futur : il *braira.*

---

(1) M^r. Lemare.

Bruire n'a que les troisièmes personnes de l'imp. : il *bruyait*, ils *bruyaient*.

Clore n'a que le sing. du prés. : je *clos*, tu *clos*, il *clot* ; le fut. : je *clorai* ; le part. pas. : *clos*, *close*.

Eclore (comme *clore*). Il a en outre le prés. du subj. : qu'il *éclose*, qu'ils *éclosent*.

Frire n'a que le sing. du prés. : je *fris*, tu *fris*, il *frit* ; le fut. : je *frirai* ; l'impér. : *fris*, le part. pas. : *frit*, *frite*.

Luire se conjugue sur *nuire*, mais il n'a ni le prét. déf., ni son dérivé.

Reluire comme *luire*.

Paître sur *paraître* ; il n'a ni le prét. déf., ni son dérivé, ni le part. passé.

Traire, *trayant*, *trait*, je *trais*. Il n'a ni le prét. déf., ni son dérivé.

ORTHOGRAPHE DES VERBES.

Observations générales.

Singulier. Quand la première personne finit par un *e* muet, la seconde prend *s*, la troisième est semblable à la première : je *chante*, tu *chantes*, il *chante* ; que je *reçoive*, que tu *reçoives*, qu'il *reçoive* ; excepté la troisième personne de l'imparf. du subj. qui se termine toujours par *t*.

Quand la première personne finit par *s* ou par *x*, la seconde personne est semblable à la première, la troisième prend *t* : je *finis*, tu *finis*, il *finit* ; je *veux*, tu *veux*, il *veut*. Excepté dans les verbes terminés en *ds*, *cs*, *ts*, où l'on supprime seulement *s* : il *rend*, il *vainc*, il *bat*.

REMARQUE. Les verbes qui ont un accent circonflexe sur *i* au présent de l'infinitif, comme *paraître, connaître*, conservent cet accent dans tous les cas ou cet *i* est suivi d'un *t* : il *paraît*, je *connaîtrai*, il *paraîtrait*.

Pluriel. La première personne se termine par *ons* : la seconde par *ez*, la troisième par *ent* : nous *aimons*, nous *aimions* ; vous *recevez*, vous *recevrez* ; ils *finissent*, ils *finiraient*. Excepté au prétérit défini où les deux premières personnes finissent par une syllable muette : nous *chantâmes*, vous *chantâtes*, nous *finîmes*, vous *finîtes*, etc. ; et au futur où la troisième se termine en *ont* : ils *aimeront*, ils *recevront*.

Observations particulières.

L'imparfait de l'indicatif se termine toujours ainsi : *ais*, *ais*, *ait*, *ions*, *iez*, *aient* : je *chantais*, tu *chantais*, il *chantait*, nous *chantions*, vous *chantiez*, ils *chantaient*.

Ainsi dans les verbes je *payais*, je *voyais*, je *croyais*, etc., l'*y* grec sera suivi d'un *i* simple aux deux premières personnes plurielles de ce temps : nous *payions*, vous *payiez* ; nous *voyions*, vous *voyiez*, etc.

De même les verbes je *priais*, je *riais* font : nous *priions*, nous *riions*, vous *priiez*, vous *riiez*.

Le prétérit défini a quatre terminaisons : *ai*, *is*, *us*, *ins* : je *chantai*, tu *chantas*, il *chanta*, nous *chantâmes*, vous *chantâtes*, ils *chantèrent*; je *finis*; — nous *finîmes*; je *reçus*; — nous *reçûmes*; je *devins*; — nous *devînmes*.

On met toujours un accent circonflexe sur la voyelle de l'avant-dernière syllable de la première et de la seconde personne plur. de ce temps.

Le futur se termine toujours ainsi : *rai, ras, ra, rons, rez, ront* : je *chanterai*, nous *chanterons* ; je *recevrai*, nous *recevrons*, etc.

Le conditionnel se termine toujours ainsi : *rais, rais, rait, rions, riez, raient* : je *chanterais*, tu *chanterais*, il *chanterait*, etc.

Le présent du subjonctif se termine toujours ainsi : *e, es, e, 'ions, iez, ent* : que j'*aime*, que tu *aimes*, qu'il *aime*, que nous *aimions*, que vous *aimiez*, qu'ils *aiment*.

REMARQUE. La première et la seconde pers. plur. du prés. du subj. sont toujours semblables à la première et à la seconde pers. plur. de l'imp. de l'ind.

L'imparfait du subj. a quatre terminaisons, comme le prétérit défini : *asse, isse, usse, insse* : que je *chantasse*, que tu *chantasses*, qu'il *chantât*, que nous *chantassions*, que vous *chantassiez*, qu'ils *chantassent* ; que je *finisse*; — que nous *finissions* ; que je *reçusse*; — que nous *reçussions*; que je *devinsse*; — que nous *devinssions*.

On met toujours un accent circonflexe sur la dernière voyelle de la troisième personne sing. de ce temps : qu'il *chantât*, qu'il *finît*, qu'il *reçût*, qu'il *devînt*. On la distingue par là de la troisième pers. sing. du prét. déf.

Conjugaison des Verbes passifs.

Il n'y a qu'une seule conjugaison pour tous les verbes passifs ; elle se compose de l'auxiliaire *être* dans tous ses temps, et du participe passé du verbe *actif* que l'on veut conjuguer au *passif*.

(Nous ne mettrons que les premières personnes.)

INDICATIF.

PRÉSENT.

Je suis aimé *ou* aimée.
Tu es aimé *ou* aimée.
Il est aimé *ou* elle est aimée.
Nous sommes aimés *ou* aimées.
Vous êtes aimés *ou* aimées.
Ils sont aimés *ou* elles sont aimées.

IMPARFAIT.

J'étais aimé *ou* aimée, etc.
Nous étions aimés *ou* aimées , etc.

PRÉTÉRIT DÉFINI.

Je fus aimé *ou* aimée, etc.
Nous fûmes aimés *ou* aimées, etc.

PRÉTÉRIT INDÉFINI.

J'ai été aimé *ou* aimée, etc.
Nous avons été aimés *ou* aimées , etc.

PRÉTÉRIT ANTÉRIEUR.

J'eus été aimé *ou* aimée, etc.
Nous eûmes été aimés *ou* aimées , etc.

PLUS-QUE-PARFAIT.

J'avais été aimé *ou* aimée, etc.
Nous avions été aimés *ou* aimées , etc.

FUTUR ABSOLU.

Je serai aimé *ou* aimée, etc.
Nous serons aimés *ou* aimées , etc.

FUTUR ANTÉRIEUR.

J'aurai été aimé *ou* aimée, etc.
Nous aurons été aimés *ou* aimées , etc.

CONDITIONNEL.

PRÉSENT.

Je serais aimé *ou* aimée, etc.
Nous serions aimés *ou* aimées , etc.

PASSÉ.

J'aurais *ou* j'eusse été aimé *ou* aimée , etc.
Nous aurions *ou* nous eussions été aimés *ou* aimées.

IMPÉRATIF.

(Point de 1re. personne au sing.)
Sois aimé *ou* aimée.
Soyons aimés *ou* aimées.
Soyez aimés *ou* aimées.

SUBJONCTIF.

PRÉSENT OU FUTUR.

Que je sois aimé *ou* aimée, etc.

Que nous soyons aimés *ou* aimées , etc.

IMPARFAIT.

Que je fusse aimé *ou* aimée, etc.

Que nous fussions aimés *ou* aimées , etc.

PRÉTÉRIT.

Que j'aie été aimé *ou* aimée , etc.

Que nous ayons été aimés *ou* aimées, etc.

PLUS-QUE-PARFAIT.

Que j'eusse été aimé *ou* aimée , etc.

Que nous eussions été aimés *ou* aimées , etc.

INFINITIF.

PRÉSENT.

Être aimé *ou* aimée.

PRÉTÉRIT.

Avoir été aimé *ou* aimée.

PARTICIPE.

PRÉSENT.

Étant aimé *ou* aimée.

PASSÉ.

Ayant été aimé *ou* aimée.

Ainsi se conjuguent *être rempli , être reçu*, etc.

Conjugaison des *Verbes neutres*.

Les verbes neutres se conjuguent comme les verbes actifs , lorsqu'ils prennent l'auxiliaire *avoir* aux temps composés. Quand ils prennent l'auxiliaire *être* , ils se conjuguent comme les verbes actifs aux temps simples , et comme les verbes passifs aux temps composés ; mais les temps du verbe *être* correspondent aux temps du verbe *avoir* : *j'ai, j'avais* se remplacent par *je suis, j'étais*. Voici, au surplus, la conjugaison du verbe *sortir*.

INDICATIF.

PRÉSENT.

Je sors.
Tu sors.
Il *ou* elle sort.
Nous sortons.
Vous sortez.
Ils *ou* elles sortent.

IMPARFAIT.

Je sortais.
Tu sortais.
Il *ou* elle sortait.
Nous sortions.
Vous sortiez.
Ils *ou* elles sortaient.

PRÉTÉRIT DÉFINI.

Je sortis.
Tu sortis.
Il *ou* elle sortit.
Nous sortîmes.
Vous sortites.
Ils *ou* elles sortirent.

PRÉTÉRIT INDÉFINI.

Je suis sorti *ou* sortie.
Tu es sorti *ou* sortie.
Il est sorti *ou* elle est sortie.
Nous sommes sortis *ou* sorties.
Vous êtes sortis *ou* sorties.
Ils sont sortis *ou* elles sont sorties.

PRÉTÉRIT ANTÉRIEUR.

Je fus sorti *ou* sortie, etc.
Nous fûmes sortis *ou* sorties, etc.

PLUS-QUE-PARFAIT.

J'étais sorti *ou* sortie, etc.
Nous étions sortis *ou* sorties, etc.

FUTUR ABSOLU.

Je sortirai.
Tu sortiras.
Il *ou* elle sortira.
Nous sortirons.
Vous sortirez.
Ils *ou* elles sortiront.

FUTUR ANTÉRIEUR.

Je serai sorti *ou* sortie, etc.
Nous serons sortis *ou* sorties, etc.

CONDITIONNEL.

PRÉSENT.

Je sortirais.
Tu sortirais.
Il *ou* elle sortirait.
Nous sortirions.
Vous sortiriez.
Ils *ou* elles sortiraient.

PASSÉ.

Je serais *ou* je fusse sorti *ou* sortie, etc.
Nous serions *ou* nous fussions sortis *ou* sorties, etc.

IMPÉRATIF.

(Point de 1re personne au sing.)

Sors.
Sortons.
Sortez.

SUBJONCTIF.

PRÉSENT OU FUTUR.

Que je sorte.
Que tu sortes.
Qu'il *ou* qu'elle sorte.

Que nous sortions.
Que vous sortiez.
Qu'ils *ou* qu'elles sortent.

IMPARFAIT.

Que je sortisse.
Que tu sortisses.
Qu'il *ou* qu'elle sortît.
Que nous sortissions.
Que vous sortissiez.
Qu'ils *ou* qu'elles sortissent

PRÉTÉRIT.

Que je sois sorti *ou* sortie,
etc.
Que nous soyons sortis *ou*
sorties , etc.

PLUS-QUE-PARFAIT.

Que je fusse sorti *ou* sortie,
etc.
Que nous fussions sortis
ou sorties, etc.

INFINITIF.

PRÉSENT.

Sortir.

PRÉTÉRIT.

Être sorti *ou* sortie.

PARTICIPE.

PRÉSENT.

Sortant.

PASSÉ.

Sorti , sortie , étant sorti
ou sortie.

Ainsi se conjuguent *venir, arriver, tomber*, etc.

Conjugaison des Verbes réfléchis.

Les verbes réfléchis se conjuguent toujours avec l'auxiliaire *être* aux temps composés, et prennent pour modèle le verbe *sortir* (1). Au surplus voici la conjugaison du verbe *se conduire*.

(Les verbes réciproques et les verbes pronominaux se conjuguent exactement comme les verbes réfléchis ; mais les verbes réciproques n'ont que le pluriel.)

INDICATIF.

PRÉSENT.

Je me conduis.
Tu te conduis.
Il *ou* elle se conduit.
Nous nous conduisons.
Vous vous conduisez.
Ils *ou* elles se conduisent.

---

(1) Quand *me* , *te* , *se* , etc. , sont complémens directs.

IMPARFAIT.

Je me conduisais.
Tu te conduisais.
Il *ou* elle se conduisait.
Nous nous conduisions.
Vous vous conduisiez.
Ils *ou* elles se conduisaient.

PRÉTÉRIT DÉFINI.

Je me conduisis.
Tu te conduisis.
Il *ou* elle se conduisit.
Nous nous conduisîmes.
Vous vous conduisîtes.
Ils *ou* elles se conduisirent.

PRÉTÉRIT INDÉFINI.

Je me fus conduit *ou* conduite.
Tu te fus conduit *ou* conduite.
Il se fut conduit *ou* elle se
fut conduite.
Nous nous fûmes conduits
ou conduites.
Vous vous fûtes conduits
ou conduites.
Ils se furent conduits *ou*
elles se furent conduites.

FUTUR ABSOLU.

Je me conduirai.
Tu te conduiras.
Il *ou* elle se conduira.
Nous nous conduirons.
Vous vous conduirez.
Ils *ou* elles se conduiront.

FUTUR ANTÉRIEUR.

Je me serai conduit *ou*
conduite, etc.
Nous nous serons conduits
ou conduites, etc.

CONDITIONNEL.

PRÉSENT.

Je me conduirais.
Tu te conduirais.
Il *ou* elle se conduirait.
Nous nous conduirions.
Vous vous conduiriez.
Ils *ou* elles se conduiraient.

PASSÉ.

Je me serais *ou* je me fusse
conduit *ou* conduite.
Nous nous serions, *ou* nous
nous fussions conduits
ou conduites, etc.

IMPÉRATIF.

(Point de 1re personne au sing.)
Conduis-toi.
Conduisons-nous.
Conduisez-vous.

SUBJONCTIF.

PRÉSENT OU FUTUR.

Que je me conduise.
Que tu te conduises.
Qu'il *ou* qu'elle se con-
duise.
Que nous nous condui-
sions.
Que vous vous conduisiez.
Qu'ils *ou* qu'elles se con-
duisent.

IMPARFAIT.

Que je me conduisisse.
Que tu te conduisisses.
Qu'il *ou* qu'elle se con-
duisît.
Que nous nous condui-
sissions.
Que vous vous conduisissiez
Qu'ils *ou* qu'elles se con-
duisissent.

PRÉTÉRIT.

Que je me sois conduit *ou* conduite, etc.

Que nous nous soyons con-duits *ou* conduites , etc.

PLUS-QUE-PARFAIT.

Que je me fusse conduit *ou* conduite, etc.

Que nous nous fussions conduits *ou* conduites , etc.

INFINITIF.

PRÉSENT.

Se conduire.

PRÉTÉRIT.

S'être conduit *ou* conduite.

PARTICIPES.

PRÉSENT.

Se conduisant.

PASSÉ.

S'étant conduit *ou* con-duite.

Ainsi se conjuguent *se défendre, se louer, s'enfuir, s'abstenir,* etc.

Conjugaison des verbes unipersonnels.

Le verbe unipersonnel qui ne s'emploie qu'à la troisième personne du singulier, se conjugue comme les verbes actifs , s'il prend *avoir* aux temps composés.

VERBE FALLOIR.

INDICATIF.

PRÉSENT.

Il faut.

IMPARFAIT

Il fallait.

PRÉTÉRIT DÉFINI.

Il fallut.

PRÉTÉRIT INDÉFINI.

Il a fallu.

PRÉTÉRIT ANTÉRIEUR.

Il eut fallu.

PLUS-QUE-PARFAIT.

Il avait fallu.

FUTUR ABSOLU.

Il faudra.

FUTUR ANTÉRIEUR.

Il aura fallu.

CONDITIONNEL.

PRÉSENT.

Il faudrait.

PASSÉ.

Il aurait *ou* il eût fallu.

(Point d'impératif.)

SUBJONCTIF.

PRÉSENT OU FUTUR.

Qu'il faille.

7*

<table>
<tr><td>

IMPARFAIT.
Qu'il fallût.
PRÉTÉRIT.
Qu'il ait fallu.
PLUS-QUE-PARFAIT.
Qu'il eût fallu.

</td><td>

INFINITIF.
PRÉSENT.
Falloir.
PARTICIPE.
PASSÉ.
Ayant fallu.

</td></tr>
</table>

REMARQUE. Le verbe *falloir* n'a pas de participe présent ; mais il y a des verbes unipersonnels qui en ont un, comme *pleuvoir, pleuvant,* etc.

DE L'ACCORD DU VERBE AVEC SON SUJET.

I. Le verbe s'accorde avec son sujet en nombre et en personne.

La haine *veille* et l'amitié *s'endort.*
Nous vous *plaisons,* vous nous *aimez.*

II. Si un verbe se rapporte a plusieurs sujets singuliers, il se met au pluriel : la justice et la vérité *réclament* nos hommages. L'un et l'autre *sont* bons.

III. Si les sujets sont de différentes personnes, on met le verbe au pluriel et à la personne qui a la priorité. La première personne a la priorité sur la seconde, la seconde a la priorité sur la troisième. *Vous* et *moi,* nous lisons : *vous* et votre *frère,* vous lisez.

REMARQUE. La politesse exige que la personne qui parle se nomme la dernière.

IV. Quand deux sujets sont unis par le mot *ou,* le verbe se met au singulier, parce que la conjonction *ou* donne l'exclusion à l'un des deux.

La faiblesse *ou* la méchanceté *perd* l'homme.

Remarque. Si les sujets sont de différentes personnes, on met le verbe au pluriel et à la personne qui a la priorité : *vous* ou *moi*, nous *périrons*.

V. Quand les sujets sont liés par *ni*, le verbe doit être mis au pluriel, si les sujets concourent ensemble à l'action marquée par le verbe : la vertu *ni* le temps ne *peuvent* te faire oublier. Ni l'un ni l'autre n'*ont* parlé.

Mais si un des sujets fait seul l'action marquée par le verbe, ce verbe doit être mis au singulier pour marquer cette différence : ni l'un ni l'autre n'*est* mon père. Ni M. le duc, ni M. le comte ne *sera* nommé ambassadeur (il n'en faut qu'un).

VI. Quand un verbe a pour sujet un collectif général, il s'accorde avec ce collectif : l'*infinité* des perfections de Dieu m'*accable*. La *foule* des malheureux *est immense*.

Quand le collectif est partitif, le verbe s'accorde avec le substantif qui suit ce collectif : une troupe de barbares *désolèrent* le pays. Peu de gens *négligent* leurs intérêts. (Voyez les *adverbes de quantité*.)

VII. *Ce*, sujet du verbe *être*, veut ce verbe au singulier, excepté quand il est suivi d'une troisième personne plurielle. On dira : *ce sont* les vices qui dégradent l'homme, *ce sont* eux qui le rendent malheureux.

Mais on dira : c'est *mon père* et *ma mère*, c'est *nous*, c'est *vous*, etc., parce qu'aucun de ces mots, *monpère et ma mère, nous, vous* ne forme une troisième personne plurielle.

De la place du sujet.

Le sujet, soit nom, soit pronom, se place ordinairement avant le verbe: *nous savons* que *Dieu voit* tout.

EXCEPTION. Quand on interroge, le pronom sujet se place après le verbe et s'y joint par un trait d'union, irai-*je*? viendras-*tu*? est-*il* arrivé *?*

Première remarque. Quand le verbe qui précède *il, elle, on* finit par une voyelle, on ajoute un *t* entre deux tirets, entre le pronom et le verbe, pour adoucir la prononciation : appelle-*t-il*? viendra-*t-elle* ? aime-*t-on* les paresseux ?

Seconde remarque. L'interrogation à la première personne n'est pas toujours permise, surtout après les verbes d'une syllable; ne dites pas : *cours-je? mens-je ? dors-je*, etc. ; car, outre que la prononciation de ces mots serait rude, il y aurait équivoque avec *courge, mange, d'orge.* Alors on prend un autre tour : est-ce que je *cours ?* est-ce que je *mens ?* etc.

Troisième remarque. Lorsque le verbe finit par un *e* muet, on met un accent aigu sur cet *e* devant *je*: *chanté-je ? à qui parlé-je?* par exclamation, on dit *puissé-je ! dussé-je !*

Puissé-je de mes yeux y voir tomber la foudre.

Du régime des verbes.

I. Il ne faut pas donner à un verbe un autre régime que celui qui lui convient; dites : ils se *sont* parlé l'un à l'autre; ils *s'aiment* l'un l'autre.

II. Quand deux verbes ne veulent pas le

même régime, il faut donner à chacun le régime qu'il réclame. Il ne faut donc pas dire : il *attaqua* et *s'empara de la* ville, parce que le verbe *attaquer* réclame un régime direct : *attaquer* la ville, et non *attaquer* de la ville. Il faut dire : il *attaqua* la ville et *s'en empara.*

III. Un verbe ne peut avoir pour régime deux mots d'une nature différente. Il est donc incorrect de dire : il aime le jeu *et à étudier*, il apprend la musique *et à danser*. Il faut dire : il *aime* le jeu et *l'étude*, etc.

IV. Le régime des verbes passifs se marque avec les prépositions *de* ou *par* ; *de*, quand ils expriment un sentiment ; *par*, quand ils expriment une action : je suis aimé, je suis estimé *de* mes amis ; il a été battu, il a été chassé *par* son père. Cette règle a des exceptions.

Place du régime.

I. Le complément d'un verbe actif se place ordinairement après le verbe, quand ce n'est pas un pronom : j'aime *Dieu*, je lis un *livre.*

II. Quand le régime est un pronom, il se place ordinairement avant le verbe : je *t'*aime, pour j'aime *toi* ; il *nous* plaint, pour *il plaint nous.*

III. Quand un verbe, à l'impératif, a un régime direct et un régime indirect exprimés par deux pronoms, on les met après le verbe, en séparant le tout par des tirets : *asseyez*-vous, *parlez*-lui, *prenez*-la, *donnez*-la-moi, *portez*-le-lui, *donnez*-lui-en, *menez*-y-moi, *transportez*-vous-y. (On doit éviter ces locutions quand elles choquent.)

REMARQUE. Avec *me*, *te*, *se*, on met une apostrophe devant *en :* donnez-m'*en*, va-*t'en*.

Emploi des auxiliaires.

Principe. Le verbe *avoir* sert à former les temps composés des verbes qui énoncent l'action : j'*ai* mangé, j'*ai* marché. Le verbe *être* sert à former les temps composés des verbes qui énoncent l'état : il *est* aimé, il *est* sorti.

EXCEPTION. *Aller, tomber, arriver, venir, mourir* prennent l'auxiliaire *être*, quoiqu'ils expriment une action. L'usage l'a voulu ainsi.

REMARQUE. Il y a beaucoup de verbes neutres, comme : *disparaître, croître, passer, partir,* etc., qui prennent tantôt *avoir,* tantôt *être,* selon qu'ils expriment une action ou un état Ainsi on dit : elle *a disparu* subitement, la rivière *a crû* beaucoup, il *a passé* en Amérique en 1820, le trait *a parti* subitement, parce qu'alors c'est l'action que l'on a en vue ; mais il faut dire : elle *est disparue* depuis hier, la rivière *est bien crûe*, les chaleurs *sont passées*, les troupes *sont parties*, parce qu'alors c'est l'état que l'on veut marquer.

Emploi des temps de l'Indicatif et du Conditionnel.

I. Le *présent* s'emploie à la place du *passé*, pour rendre la narration plus vive : *les nuages s'amoncelèrent en un moment ; soudain la foudre gronde, l'éclair sillonne la nue.*

Le *présent* s'emploie aussi pour le *futur :* *mon père* arrive *demain.*

II. *L'imparfait* ne doit point s'employer pour un temps *présent ;* ne dites pas : *on m'a appris qu'il* demeurait à *Paris*, si la personne y demeure encore ; ni : *il nous dit que la vérité* n'éprouvait *que des éclipses passagères*, puisque cela est vrai en tout temps. Il faut : *qu'il demeure ; la vérité n'éprouve.*

III. Le *prétérit défini* ne s'emploie que pour marquer un temps totalement écoulé au moment de la parole ; ainsi ne dites pas : *je reçus* une lettre aujourd'hui, cette semaine, cette année ; car on est encore dans le temps désigné. On dirait bien : *je reçus* une lettre hier, la semaine dernière, l'an passé, parce qu'on n'est plus dans le temps dont il s'agit.

IV. Le *prétérit indéfini* s'emploie pour un temps passé totalement écoulé ou non, désigné ou non : *j'ai lu* aujourd'hui, hier, cette semaine, la semaine dernière ; *j'ai lu* long-temps.

V. Le *plus-que-parfait* ne doit pas être employé pour le *prétérit* ; ne dites pas : *j'ai appris* que vous *aviez pleuré ;* dites : *que vous avez pleuré.*

VI. Le *futur* a quelquefois la signification de l'*impératif*, c'est quand il exprime un commandement, une défense, un précepte : vous *respecterez*, et vous *aimerez* vos parents.

VII. Le *conditionnel* ne doit pas s'employer pour le *futur ;* ainsi ne dites pas : on m'a dit que tu *viendrais* bientôt ; dites : que tu *viendras.*

Emploi du Subjonctif et de ses temps.

I. Le *subjonctif* est le mode de l'indécision, du doute. On l'emploie dans une proposition subordonnée, quand le verbe de la proposition principale exprime la nécessité, la volonté, le désir, le commandement, la crainte, la défense, etc. : *il faut, je veux, j'ordonne, je souhaite, je doute, je défends* qu'il vienne.

II. On met le verbe de la proposition subordonnée au *subjonctif*, si la proposition principale est *négative* ou *interrogative :* je ne pense pas, je ne crois pas qu'il *vienne ;* pensez-vous, croyez-vous qu'il *vienne ?*

III. Après le présent et le futur de l'indicatif, on emploie le *présent* du subjonctif, si l'on veut désigner *un présent* ou *un futur,* et le *prétérit,* si l'on veut designer un *passé.*

Je doute.   } Que vous *vouliez* maintenant, de-
Je douterai.   }   main.
je doute.   } Que vous *ayez voulu* hier.
Je douterai.   }

IV. Après l'imparfait, les prétérits, les conditionnels, on emploie *l'imparfait* du subjonctif, si l'on veut désigner un *présent* ou un *futur,* et le *plus-que-parfait,* si l'on veut désigner un *passé.*

Je doutais.   }
Je doutai.   }
J'ai douté.   } Que vous *voulussiez* maintenant,
J'avais douté.   }   demain.
Je douterais.   }
J'aurais douté.   }

Je doutais.
Je doutai.
J'ai douté.
J'avais douté. } Que vous *eussiez* voulu hier.
Je douterais.
J'aurais douté.

EXCEPTION. Au lieu de l'imparfait on emploie le présent, quand le verbe exprime une action qui peut se faire dans tous les temps : Dieu nous a créés pour que nous *l'aimions*.

V. Le *subjonctif* est toujours sous la dépendance d'un autre verbe, voilà pourquoi tous les temps de ce mode sont précédés de la conjonction *que*. Cependant pour donner plus de vivacité au discours, on supprime quelquefois la première préposition, et le *que : périssent* les méchants ! C'est comme s'il y avait : je souhaite que les *méchants périssent*. C'est par la même raison qu'on dit : *plût à Dieu, puissé-je, dussé-je.*

VI. Enfin on emploie le *subjonctif* quand il y a incertitude, doute dans ce qu'on dit, et l'on emploie *l'indicatif* toutes les fois que l'on affirme quelque chose de positif, de certain.

On dira avec *l'indicatif.*	On dira avec le *subjonctif.*
J'aspire à une place qui *est* agréable.	J'aspire à une place qui *soit* agréable.
Montrez-moi le chemin qui *conduit* à Paris.	Montrez-moi un chemin qui *conduise* à Paris.
Je cherche quelqu'un qui me *rendra* service.	Je cherche quelqu'un qui me *rende* service.

Dans *j'aspire à une place qui est agréable,* on emploie l'indicatif, parce que l'idée est positive ; il s'agit d'une place que je connais, je suis certain qu'elle est agréable. Dans *j'aspire à une place qui soit agréable*, on emploie le subjonctif, parce que l'idée est indéterminée, je parle d'une place que je ne connais pas, je désire seulement qu'elle soit agréable. Il en est de même des autres phrases.

De l'emploi de l'infinitif.

I. L'*infinitif* s'emploie comme *sujet* et comme *régime*.

> *Haïr* est un tourment, *aimer* est un besoin.
> Je voudrais *inspirer* l'amour de la retraite.

Dans le premier exemple l'*infinitif* est en *sujet*, dans le second, il est en *régime*.

II. L'*infinitif* employé comme sujet, veut toujours le verbe au singulier ; ne dites pas : *boire, manger, dormir, sont* les occupations de sa vie, dites : *boire, manger, dormir, c'est* l'occupation de sa vie.

CHAPITRE VI.

DU PARTICIPE.

LE *participe* est un mot qui tient (qui participe) de la nature du verbe et de celle de l'adjectif.

Il tient du *verbe* en ce qu'il en a la signification et le régime : *aimant Dieu ; aimé de Dieu.* Il tient de *l'adjectif* en ce qu'il qualifie le mot auquel il se rapporte : *un homme lisant ; la vertu éprouvée.*

Il y a deux sortes de participes : le participe *présent*, et le participe *passé*.

Le participe présent marque une action faite par le mot qu'il qualifie : *un homme lisant*.

Le participe passé marque une action reçue par le mot qu'il qualifie : *la vertu éprouvée.*

Accord du participe présent.

Le participe présent est toujours terminé en *ant* et ne varie jamais ; *exemples* : un homme *lisant*, des hommes *lisant*, une femme *lisant*, etc.

Première remarque. Il ne faut pas confondre le participe présent avec l'adjectif *verbal.* Les adjectifs *verbaux*, également terminés en *ant*, sont des mots qui ont un certain rapport avec le *verbe* ; ils expriment une disposition à agir plutôt qu'une action. Ils s'accordent en genre et en nombre avec les substantifs qu'ils qualifient ; *ex. : des esprits rampants, une personne aimante.*

Pour distinguer le participe présent de l'adjectif verbal, il faut voir si le mot a un complément ; s'il en a un, c'est un participe ; s'il n'en a point, c'est un adjectif. Quand je dis : *votre sœur est douce, charmante ; votre sœur est douce, charmant tous ceux qui l'approchent.* Dans la première phrase, *charmante* est un adjectif, parce qu'il exprime simplement une qualité ; dans la seconde, *charmant* est un participe, parce qu'il exprime une action dont le complément est *tous ceux qui l'approchent.*

Quand je dis : *j'ai vu votre sœur mourante*, *mourante* exprime l'état où je l'ai vue; c'est donc un adjectif; mais si je dis : *j'ai vu votre sœur mourant de sa blessure*, *mourant* exprime une action complétée par *de sa blessure*; c'est donc un participe. Au surplus c'est le sens qu'il faut consulter plutôt que la forme du mot.

Seconde remarque. Le participe présent est quelquefois précédé de la préposition *en*, dont alors il est le régime. C'est ce qu'on appelle *gérondif.* Dans ce cas le participe se rapporte toujours au sujet de la proposition, et ne se rapporte jamais au complément; quand je dis : *j'ai rencontré votre frère en sortant*, *sortant* se rapporte à *je.*

Accord du participe passé.

Le participe passé a plusieurs terminaisons : *chanté*, *fini*, *reçu*, *joint*, *teint*, *mort*, *réduit*, etc.

I. Quand le participe passé est employé sans auxiliaire, il s'accorde en genre et en nombre avec le mot qu'il qualifie : que de remparts *détruits !* que de villes *forcées !* Alors le participe est un vrai adjectif.

II. Quand le participe passé est joint aux verbes auxiliaires *avoir* ou *être*, il s'accorde ou avec son sujet, ou avec son régime direct.

Pour éviter toute confusion dans cette question intéressante, nous traiterons séparément du participe passé de chaque espèce de verbes adjectifs.

Du participe passé dans les verbes actifs.

Règle. Le participe passé dans les temps composés des verbes actifs, s'accorde en genre et en nombre avec son régime direct, quand il en est précédé, et reste invariable, quand il n'en est pas précédé.

Exemples du premier cas.

La lettre que vous avez *écrite*, je l'ai *lue*.
Les livres que vous avez *prêtés*, on les a *rendus*.
Mes filles, je vous ai *récompensées*.

Dans ce cas le régime est presque toujours pronom. *Que, le, la, les, me, te, nous, vous*, etc.

Exemples du second cas.

Vous avez *écrit* une lettre, j'ai *lu* cette lettre.
Vous avez *prêté* des livres, on a *rendu* ces livres.
J'ai *récompensé* mes filles.

La raison de la distinction établie par la règle, c'est que quand on dit : *la lettre que j'ai écrite*, le régime est connu avant que le verbe soit énoncé, alors il n'y a point d'incertitude. Mais quand on dit : *j'ai écrit.... une lettre*, le régime est inconnu quand on énonce le verbe, il y a incertitude. *J'ai écrit...* quoi ? est-ce une lettre ou un billet ? on l'ignore encore, on ne peut donc faire accorder le participe avec un régime inconnu.

Nous allons, dans les numéros suivants, faire l'application de la règle et la développer dans les cas les plus embarrassants.

I. Quand le participe passé d'un verbe actif

est suivi d'un verbe à l'infinitif, il faut examiner si le verbe est *actif* ou *neutre*.

Si le second verbe à l'infinitif est *neutre*, le participe s'accorde avec le régime qui précède les deux verbes.

Exemples.	*On peut dire :*
Les hommes que j'ai *vus* tomber.	J'ai vu les hommes tomber.
La femme que j'ai *entendue* parler.	J'ai entendu la femme parler.

Si le verbe à l'infinitif est *actif*, le participe passé est invariable, à moins que chaque verbe n'ait son régime particulier exprimé auparavant.

Exemples du 1er. cas.	*C'est comme s'il y avait :*
Les hommes que j'ai *su* connaître.	J'ai su connaître les hommes.
Les prodiges que tu n'as pas *voulu* croire.	Tu n'as pas voulu croire les prodiges.

On voit que le pronon relatif *que* est le régime du verbe à l'infinitif, et que cet infinitif est le régime du participe passé.

Exemples du 2e. cas.	*C'est comme s'il y avait :*
Les habits qu'on vous a *vus* porter.	On a vu vous porter les habits.
Ma fille, les livres qu'on t'a *envoyée* quérir.	On a envoyé toi, ma fille, quérir des livres.

On voit que chaque verbe a son régime direct exprimé auparavant.

Mais comme certains verbes sont tantôt *actifs* et tantôt *neutres*, il faut examiner si l'on peut placer le régime entre le participe et l'infinitif; si on peut le faire sans que le sens des mots soit altéré, le régime est bien celui du participe; mais si le sens des mots n'est pas naturel, le régime est celui de l'infinitif.

Exemples du 1er. *cas.*	*On peut dire:*
La femme que j'ai *entendue* chanter.	J'ai entendu la femme chanter.
Les acteurs que tu as *vus* jouer.	Tu as vu les acteurs jouer.
Les femmes qu'il a *laissées* boire.	Il a laissé les femmes boire.
Exemples du 2e. *cas.*	*On ne peut pas dire :*
La chanson que j'ai *entendu* chanter.	J'ai entendu la chanson chanter.
Les comédies que tu as *vu* jouer.	Tu as vu les comédies jouer.
Les liqueurs qu'il a *laissé* boire.	Il a laissé les liqueurs boire.

On voit que, dans le premier cas, c'est la femme *qui chante*, et que, dans le second cas, la chanson ne chante point, mais qu'elle est *chantée*; il en est de même des autres exemples. On voit aussi que le participe *laissé* est soumis aux mêmes règles que les autres verbes actifs. Dans le second cas, l'infinitif est le régime du participe.

Exception unique. Le participe *fait* ne varie jamais devant un infinitif: les maisons qu'il a *fait* bâtir, les livres qu'il a *fait* venir.

II. On sous-entend quelquefois l'infinitif après les participes passés des verbes *devoir*, *pouvoir*, *vouloir*; et comme cet infinitif sous-entendu est le régime du participe, ce participe reste invariable.

| *Exemples.* | *Sous-entendu.* |

Il m'a fait toutes les caresses qu'il a *dû*. . . faire.

J'ai obtenu toutes les grâces que j'ai *voulu*. . . . . obtenir.

Je lui ai rendu tous les services que j'ai *pu* . . . . rendre.

III. Quand le *participe* et *l'infinitif* sont séparés par une des prépositions *à* ou *de*, il faut, pour lever la difficulté, se servir du moyen précédemment indiqué, c'est-à-dire, qu'il faut examiner si le sens permet ou non de placer le complément immédiatement après le participe. Si on le peut, le régime est celui du participe, si on ne le peut pas, le régime est celui de l'infinitif.

Exemples du 1ᵉʳ. cas.	*On peut dire :*
Les soldats qu'on a *forcés* de marcher.	On a forcé les soldats de marcher.
La leçon que je t'ai *donnée* à apprendre.	Je t'ai donné la leçon à apprendre.
Exemples du 2ᵉ. cas.	*On ne peut pas dire :*
La route que j'ai *résolu* de suivre.	J'ai résolu la route de suivre.
La grammaire que tu as *commencé* à étudier.	Tu as commencé la grammaire à étudier.

IV. Quand le participe est suivi de la conjonction *que*, il est invariable, parce que la phrase qui suit ce *que* est le régime du participe.

Exemples.	*C'est comme s'il y avait :*
Les affaires que j'ai *su que* vous aviez.	J'ai su que vous aviez des affaires.
La lettre que j'ai *pensé que* vous recevriez.	J'ai pensé que vous receviez la lettre.

V. Quand le participe a pour complément

direct le pronom *le*, et que ce pronom se rapporte à une proposition entière, ce participe est invariable comme le pronom *le* qui signifie *cela*.

Exemples.

Cette femme est moins savante que je *l'avais cru*.

L'affaire arriva comme je *l'avais pensé*.

La famine eut lieu ainsi qu'il *l'avait prédit*.

C'est comme s'il y avait :

Cette femme est moins savante que j'avais cru *qu'elle était savante*.

L'affaire arriva comme tu avais pensé *qu'elle arriverait*.

La famine eut lieu ainsi qu'il avait prédit *qu'elle aurait lieu*.

On voit que, dans ces sortes de phrases, il y a comparaison entre deux jugemens.

VI. Quand le participe est précédé du pronom *en* qui est toujours régime indirect, ce participe est invariable, à moins qu'il ne soit précédé d'un complément direct.

Exemples du premier cas.

J'ai perdu plus d'écus que vous n'*en* avez *gagné*.

J'ai cherché des ingrats, j'*en* ai *trouvé*.

Exemples du second cas.

Votre fils remplit l'espérance que vous *en* avez *conçue*.

J'aime mon père, que de bienfaits j'*en* ai *reçus* !

Dans le second cas, on peut supprimer *en* sans altérer beaucoup la phrase ; dans le premier cas cela est impossible.

Du Participe passé dans les verbes passifs.

RÈGLE. Le participe passé dans les verbes passifs s'accorde toujours, et sans exception, en genre et en nombre avec le sujet du verbe.

Exemples.

| Le soldat *est blessé.* | L'armée *a été vaincue.* |
| Les soldats *sont blessés.* | Les armées *ont été vaincues.* |

Du Participe passé dans les verbes neutres.

Première règle. Le participe passé des verbes neutres, qui se conjuguent avec l'auxiliaire *avoir*, ne varie jamais.

Exemples.

| Mon père *a dormi.* | Ma mère *a vécu.* |
| Mes frères *ont tremblé.* | Mes sœurs *ont paru.* |

Seconde règle. Le participe passé des verbes neutres, qui se conjuguent avec l'auxiliaire *être*, s'accorde en genre et en nombre avec son sujet.

Exemples.

| Ma mère *est tombée.* | Ma sœur *est venue.* |
| Nos aïeux *sont morts.* | Vos amis *sont partis.* |

REMARQUES. 1°. Quand les verbes neutres sont employés activement, ils suivent la règle des verbes actifs : la langue *que* Racine *a parlée*, les périls *que j'ai courus.*

2°. Quoique le pronom relatif *que* soit ordinairement régime direct, il y a des cas cependant où il est régime indirect, devant certains verbes neutres.

Exemples.

| Les jours *que* tu as *vécu.* | Les années *qu'*il a *régné.* |
| Les heures *que* tu as *dormi.* | Les lieues *qu'*il a *couru.* |

Dans les trois premiers exemples , *que* signifie *pendant lesquels* : les jours *pendant lesquels* il a vécu, etc. Dans le dernier, *que* signifie *par lesquelles.*

3º. *Valoir* et *coûter* sont deux verbes neutres dans leur signification propre ; alors ils marquent le *prix*, la *valeur*, et leur participe reste invariable.

Les sommes que ma bibliothèque m'a *coûté*.
Les pistoles que ce cheval *a valu*.

Mais quand *valoir* et *coûter* s'emploient au figuré, *valoir* pour *procurer*, *coûter* pour *causer*, *exiger*, alors ils sont actifs et leur participe passé est susceptible d'accord.

Les éloges que sa conduite lui a *valus*.
Les peines que ton instruction m'a *coutées*.

Il n'est question ici ni de *prix*, ni de *valeur*.

Du Participe-passé dans les verbes réfléchis

Les verbes réfléchis sont de leur nature *actifs* ou *neutres*.

Première règle. Le participe passé d'un verbe réfléchi *actif* est soumis aux règles que nous avons données sur l'accord du participe dans les verbes actifs, c'est-à-dire, que le participe s'accorde avec les pronoms personnels réfléchis *me*, *te*, *se*, *nous*, *vous*, *se*, quand ils sont en complémens directs.

Exemples.	Cela signifie.
Ma sœur s'est *blessée*.	Ma sœur a blessé soi, elle.
Vous vous êtes *ruinés*.	Vous avez ruiné vous.

Seconde règle. Quand le pronom personnel réfléchi est en régime indirect, le participe ne varie pas, à moins qu'il ne soit précédé d'un régime direct.

Exemples du 1er. cas.	*C'est comme s'il y avait:*
Lucrèce s'est *donné la* mort.	Lucrèce a donné la mort à elle.
Nous nous sommes *fait des amis.*	Nous ayons fait des amis à nous.
Exemples du 2e. cas.	*C'est comme s'il y avait :*
La mort *que* Lucrèce s'est *donnée.*	La mort que Lucrèce a donnée à elle.
Les amis *que* nous nous sommes *faits.*	Les amis que nous avons faits à nous.

Dans le premier cas, le régime direct *la mort*, n'est placé qu'après le participe passé *donné*, voilà pourquoi ce participe ne varie pas ; dans le second cas, *donné* varie, parce que son régime direct *la mort*, le précède.

D'après ces principes, on écrira :

Ils se sont *proposés* pour médiateurs.	Ils ont proposé *eux.*
Ils se sont *proposé* de voyager.	Ils ont proposé *à eux.*
Vous vous êtes *donnés* à Dieu.	Vous avez donné *vous.*
Vous vous êtes *donné* mille peines.	Vous avez donné *à vous.*

Troisième règle. Quand le verbe réfléchi est formé d'un verbe neutre, son participe ne varie pas plus que celui des verbes neutres conjugués avec l'auxiliaire *avoir.*

Exemples.

Ma sœur s'est *plu* à la ville.	Ma sœur a plu *à elle.*
Ces hommes se sont *nui* par leur médisance.	Ces hommes ont nui à eux.

Du Participe passé dans les verbes réciproques.

Le participe passé des verbes réciproques

est soumis aux mêmes règles que le participe passé des verbes réfléchis. Ainsi l'on dira et l'on écrira :

Ces enfans se sont toujours *aimés.*	Ont aimé *eux.*
Ces hommes se sont *parlé.*	Ont parlé *à eux.*
Ces femmes se sont *ren-contrées.*	Ont rencontré *elles.*
Elles se sont *plu.*	Elles ont plu *à elles.*

Dans ces verbes, l'auxiliaire *être* est mis pour l'auxiliaire *avoir.*

Du Participe passé dans les verbes pronominaux.

RÈGLE. Le verbe pronominal, soit essentiel, soit accidentel, a toujours pour régime direct le pronom personnel réfléchi qui le précède ; d'où il suit qu'il s'accorde toujours en genre et en nombre avec son sujet.

Exemples.

Nous nous sommes *repentis.*
Ils se sont *aperçus* du mal.
Les cieux se sont *couverts.*
La discipline s'est *relâchée.*

La différence qui existe entre le verbe réfléchi et le verbe pronominal est notable : car le premier a une signification active, au lieu que le second n'a qu'une signification *passive.* Dans le verbe réfléchi, le verbe *avoir* peut remplacer le verbe *être*, sans altérer le sens ; dans le verbe pronominal, cette substitution ne peut se faire. En effet, on ne peut dire : nous *avons repenti* nous ; la discipline *a relâché* elle. Un exemple fera sentir cette différence. Quand je dis : ce jeune homme *s'est aperçu* dans la glace, *s'apercevoir* est ici un verbe réfléchi, parce que le sens est : ce jeune homme *a aperçu* soi, sa personne dans la glace. Mais si je dis : ce jeune homme *s'est aperçu* de son erreur, *s'apercevoir* est ici un verbe pronominal, parce qu'il est impossible de dire : ce jeune homme *a aperçu* soi, sa personne de son erreur.

Du Participe passé dans les verbes unipersonnels.

RÈGLE. Les verbes unipersonnels ont pour sujet le pronom absolu *il*, qui est toujours du masculin et du singulier, et comme le verbe reçoit dans tous les cas la loi de ce pronom, le participe est invariable.

Exemples.
Il *a* beaucoup *plu* hier.
Il s'*est glissé* une erreur.
Les mauvais temps qu'il *y a eu.*
Les chaleurs qu'il *a fait.*

CHAPITRE VII.

DE LA PRÉPOSITION.

LA *préposition* est un mot invariable qui sert à exprimer les rapports que les mots ont entr'eux. Dans cette phrase : je vais *chez* mon père, *chez* marque le lieu où je vais. Dans cette autre phrase : il travaille *pour vivre*, *pour* indique le but du travail.

La préposition n'a par elle-même qu'un

sens incomplet ; le mot qui en complète la signification, et qui ordinairement la suit, en est le régime, et la préposition, avec son complément, forme un *régime indirect*.

Le régime des prépositions est ou un nom, ou un pronom, ou un verbe : pour *mon frère*, pour *moi*, pour *rire*.

Les prépositions qui s'expriment en un seul mot se nomment *simples*, comme *à*, *de*, *en*, *avant*, etc. On appelle préposition *composée* ou *locution prépositive*, l'assemblage de plusieurs mots qui font l'office de prépositions : *quant à*, *vis-à-vis*, *en deçà de*, etc.

La même préposition s'emploie pour exprimer des rapports différents.

Les principaux rapports que les prépositions expriment se réduisent à huit : rapports de *lieu*, d'*ordre*, d'*union*, de *séparation*, d'*opposition*, de *but*, de *cause* et de *moyen*.

Liste des principales prépositions dans leurs rapports les plus habituels.

Pour le rapport de lieu.	Auprès.	Outre.	Concernant.
	Vis-à-vis.	Selon.	Touchant.
A.	Sous.	Suivant.	Pour.
De.	Sur.	*Pour le rapport de séparation.*	Loin de.
En.	Vers.		Par-delà.
Autour.	*Pour le rapport d'ordre.*	Sans.	A travers.
Chez.		Excepté.	Quant à.
Dans.	Avant.	Hors.	Voici.
Dès.	Après.	Sauf.	Voilà.
Au-dessus de.	Entre.	*Pour le rapport d'opposition.*	*Pour les rapports de cause et de moyen.*
Au-dessous de.	Depuis.		
Devant.	*Pour le rapport d'union.*	Contre.	et de moyen.
Derrière.		Malgré.	Par.
Jusque.	Avec.	Nonobstant.	Moyennant.
Parmi.	Environ.	*Pour le rapport de but.*	Attendu.
Près.	Durant.		Vu.
Proche.	Pendant.	Envers.	

De la répétition des prépositions.

I. Les prépositions *à*, *de*, *en* se répètent toujours avant chaque régime : il aime *à* rire et *à* jouer. On trouve les mêmes préjugés *en* Europe, *en* Asie, *en* Afrique, et jusqu'*en* Amérique.

II. Les autres prépositions, et surtout celles qui n'ont qu'une syllabe, se répètent également avant chaque régime : *dans* la paix et *dans* la guerre. *Par* la force et *par* l'adresse.

Mais si les mots en régimes sont à peu près synonymes (1) les prépositions ne se répètent pas : *dans* la mollesse et l'oisiveté. *Par* la force et la violence.

III. Il ne faut pas répéter la préposition, quand il n'y a qu'un seul rapport à indiquer ; ainsi ne dites pas : c'est *à* vous *à* qui je veux parler, puisqu'il n'y a que le rapport de *parler à vous*. Ne dites pas non plus : c'est *en* Dieu *en* qui je me confie, puisqu'il n'y a que le rapport de me confier *en Dieu*. Dites : c'est *à* vous *que* je veux parler. C'est *en* Dieu *que* je me confie.

Les prépositions se placent presque toujours devant leur régime.

De l'emploi de quelques prépositions.

I. *Au travers* veut *de*, *à travers* le rejette ; on dit : le jour passe *au travers des* vîtraux. Le vent passe *à travers* la gaze.

---

(1) On appelle *synonymes* les mots qui ont la même signification, comme *pleurs* et *larmes*.

II. Autrefois on disait, venez me voir *avant que de partir*, maintenant il est mieux de dire *avant de* partir.

III. *Auprès de* éveille une idée d'assiduité, de sentiment : cet enfant reste toujours *auprès de* sa mère. *Près de* éveille une idée de proximité : il demeure *près de* l'église.

IV. *Près de* signifie encore *sur le point de*; il ne faut pas le confondre avec l'adjectif *prêt à*, qui signifie *disposé à*. Dites : il est *près de* tomber, et non : il est *prêt à* tomber.

V. *Voici* a rapport aux choses que l'on va dire, *voilà*, aux choses que l'on a dites : la vérité, la justice, *voilà* les objets dignes de l'homme; *voici* ce qui en est indigne : l'erreur et l'orgueil.

VI. *Entre* se dit de deux, de trois objets même. *Parmi* se dit d'un plus grand nombre d'objets : *parmi* les hommes, *parmi* le peuple.

CHAPITRE VIII.

DE L'ADVERBE.

L'adverbe est un mot invariable qui modifie ou un verbe, ou un adjectif, ou un autre adverbe; exemples : Il marche *doucement*, il est *très* doux, il marche *bien* doucement.

Quoique les adverbes ne soient pas susceptibles de régime, il y en a cependant quelques-uns qui font exception; comme : *indépendamment de*, *conformément à*, etc. Ils

9*

conservent le régime de l'adjectif dont ils sont formés : *independant de*, *conforme à*.

On appelle adverbes *simples* ceux qui s'expriment en un seul mot : doucement, hier, partout, etc.

On appelle adverbes *composés*, ou *locutions adverbiales*, des assemblages de mots qui ont force et signification d'adverbes : tout-à-coup, pêle-mêle, à jamais, sens dessus dessous, mal à propos.

Les adverbes se partagent en huit classes principales.

1°. Les adverbes de *manière*, comme sagement, poliment, agréablement, bonnement ; etc. ;

2°. Les adverbes d'*ordre* : premièrement, secondement, d'abord, ensuite, devant, auparavant, etc. ;

3°. Les adverbes de *lieu* : où, ici, là, ailleurs, partout, auprès, dedans, dessus, etc. ;

4°. Les adverbes de *quantité* : beaucoup, peu, combien, que, assez, trop, tant, très, si, etc. ;

5°. Les adverbes de *temps* : hier, aujourd'hui, demain, bientôt, autrefois, toujours, jamais, souvent, etc. ;

6°. Les adverbes de *comparaison* : plus, moins, aussi, autant, presque, comme, davantage, etc. ;

7°. Les adverbes d'*affirmation* : oui, certainement, sans doute, volontiers, certes, etc. ;

8°. Les adverbes de *négation* : non, ne, ne pas, ne point, nullement, point du tout, etc.

Remarques sur les adverbes de manière.

Première remarque. Les adverbes de manière sont presque tous formés d'adjectifs qualificatifs. La plupart de ces adjectifs ont donc chacun leur adverbe que l'on forme en ajoutant *ment*, 1°. *au masculin*, quand l'adjectif finit par une *voyelle* : vrai, *vraiment*, aisé, *aisément* ; utile, *utilement*. Impuni fait *impunément* ;

2°. *Au féminin*, quand l'adjectif finit au masculin par une consonne : bon, bonne, *bonnement* ; doux, douce, *doucement*. Gentil fait *gentiment* ;

3°. Les adjectifs terminés en *ant* et en *ent* changent *nt* en *mment* : élégant, *élégamment* ; prudent, *prudemment* (1) ; mais lent, présent font *lentement*, *présentement*.

Seconde remarque. L'*e* muet de certains adjectifs devient *é* fermé dans l'adverbe : conforme, aveugle, font *conformément*, *aveuglément* ; obscur, précis, font *obscurément*, *précisément*.

Troisième remarque. Quelques adjectifs masculins s'emploient souvent comme adverbes de manière : frapper *fort*, pour *fortement* ; sentir *bon*, pour *bonnement* ; voir *clair*, pour *clairement*.

Quatrième remarque. Les adverbes de manière sont susceptibles des trois degrés de signification. Exemp. : il marche *doucement*, *plus doucement*, *très doucement*.

____

(1) Prononcez *prudamment*.

L'adverbe *bien* fait, au comparatif de super., *mieux*; *mal* fait *pis*.

AUTRES REMARQUES.

I. Quelques adverbes de lieu et de temps sont quelquefois régimes d'une préposition : depuis *ici*, jusque *là*, de *loin*, etc. ; dès *demain*, à dater d'*hier*.

II. Quelques adverbes de quantité, représentant un collectif partitif, sont quelquefois complémens des verbes et des prépositions : j'ai vu *beaucoup* d'hommes : ne prenez pas *trop* de vin; depuis *combien* de jours : après *peu* de temps.

Les mêmes adverbes deviennent de véritables substantifs : *le trop* est dangereux; *le veu* de plaisir que j'y trouve.

Emploi de la négation.

I. La négation *ne* s'emploie après les verbes *empêcher*, *trembler*, *craindre*, *avoir peur*, etc. ; tu *empêches* qu'il *ne* vienne, je *crains* qu'il *n'*arrive, *j'ai peur* qu'il *ne* soit mort.

II. La négation s'emploie après ces mots : *autre*, *autrement*, *plus*, *mieux*, *moins :* il parle *autrement* qu'il *n'agit*, j'en ai *plus* que je *n'*en veux, il est *mieux* qu'il *n'*était.

III. La négation s'emploie après les locutions conjonctives, *à moins que*, *de peur que*, *de crainte que :* à moins que vous *ne* lui parliez, *de peur qu'*on *ne* vous trompe.

IV. La négation s'emploie encore avec une expression dont le sens est négatif, comme : *jamais*, *guère*, *nul*, *aucun*, *rien*, *personne.* Je *ne* l'oublierai *jamais*, *nul ne* sait s'il est digne d'amour ou de haine ; je *ne* crains *personne*.

REMARQUE. *Ne*, est la plus faible des négations, *ne pas* est la moyenne, *ne point* est la plus forte : je *ne* sais, je *ne* sais *pas*, je *ne* sais *point*.

De l'emploi de quelques adverbes.

I. *Dessus, dessous, dedans, dehors*, étant adverbes, ne veulent pas de régime ; ainsi ne dites pas : *dessus* la terre, *dessous* le ciel ; dites : *sur* la terre, *sous* le ciel.

Excepté quand ils sont employés en opposition : les ennemis sont *dedans* et *dehors* la ville, etc.

II. *Alentour* et *auparavant* sont adverbes et rejettent tout régime ; ainsi ne dites pas : *alentour de* moi, *auparavant* moi ; dites : *autour de* moi, *avant* moi.

III. *Plus tôt*, opposé à *plus tard*, s'écrit en deux mots : je suis venu *plus tôt* que vous. *Plutôt* (en un mot) marque préférence : *plutôt* mourir que d'y renoncer.

IV. *Davantage* ne peut être suivi ni de la conjonction *que*, ni de la préposition *de* ; ne dites pas : il en a *davantage que* moi, il a *davantage d'esprit* ; dites : *plus* que moi, *plus* d'esprit.

V. *De suite*, successivement : écrire deux, trois pages *de suite* ; *tout de suite* ; sur-le-champ : les enfans doivent obéir *tout de suite*.

VI. *Tout-à-coup*, soudainement : l'éclair brille *tout-à-coup*. *Tout d'un coup*, tout en une fois : il a gagné cent francs *tout d'un coup*.

CHAPITRE IX.

DE LA CONJONCTION.

Les huit espèces de mots dont nous avons parlé jusqu'ici, sont les seules nécessaires pour former une proposition, c'est-à-dire, pour exprimer un jugement, quelqu'étendu qu'il puisse être. Toute proposition renferme trois parties essentielles : le *sujet*, le *verbe*, l'*attribut*. Outre ces trois parties, il en existe une quatrième que l'on appelle *complément*, parce qu'elle sert à l'énonciation complète de la pensée. Il n'y a que le sujet et l'attribut dont la signification ait quelquefois besoin d'être étendue ou restreinte, en un mot, complétée. Le verbe, ne servant qu'à affirmer la convenance des deux autres parties, n'est point susceptible de complément.

Le sujet et l'attribut sont donc tantôt *incomplexes* et tantôt *complexes*.

Le sujet et l'attribut sont *incomplexes* quand ils ont par eux-mêmes une signification complète, c'est-à-dire, quand ils n'ont aucun complément : *Dieu est juste*, le *soleil brille* (est *brillant.*)

Le sujet et l'attribut sont *complexes* lorsqu'ils n'offrent une signification complète qu'à l'aide d'un, ou de plusieurs compléments : le Dieu *des chrétiens* est digne *de nos hommages.* Le sujet *Dieu*, a pour complément, *des chrétiens*. L'attribut ou adjectif *digne*, a pour complément, *de nos hommages*. La gloire *de l'homme* consiste (est consistant) *dans la vertu*. Le sujet *la gloire* a pour complément, *de l'homme*. L'attribut *consistant*, a pour complément, *dans la vertu*.

Mais, pour joindre ensemble une longue suite de propositions et en faire un discours suivi, il a fallu inventer un mot qui servît comme de lien entre ces propositions, et qui marquât en même temps le rapport sous la dépendance duquel elles dussent s'unir et s'enchaîner. Ce mot est la *conjonction*.

La *conjonction* est un mot invariable qui sert à lier une proposition à une autre proposition, sous la dépendance d'un rapport quelconque. Quand je dis : je vous aimerai *si* vous êtes laborieux, le mot *si*, qui sert à lier la proposition je *vous aimerai* avec la proposition *vous êtes laborieux*, est une *conjonction* qui marque un rapport de condition.

On nomme conjonctions *simples* celles qui s'expriment en un seul mot: *et, ou, car, mais, si, cependant*, etc.

On nomme conjonctions *composées*, ou *phrases conjonctives*, celles qui s'expriment en plusieurs mots ; *de sorte que, soit que, pourvu que, à moins que, par conséquent*, etc.

La conjonction diffère de l'adverbe en ce qu'elle ne modifie ni un verbe, ni un adjectif, ni un adverbe ; elle diffère de la préposition, en ce qu'elle n'exprime pas le rapport d'un mot avec un autre.

Les conjonctions se divisent en huit classes :

les *copulatives*, les *adversatives*, les *disjonc-tives*, les *explicatives*, les *circonstancielles*, les *conditionnelles*, les *causatives*, les *tran-sitives*.

Les conjonctions copulatives sont celles qui ont pour objet l'union intime des proposi-tions : *et, que, ni, aussi*, etc.

Les conjonctions adversatives sont celles qui marquent une opposition entre les deux propositions qu'elle unit : *mais, quoique, bien que, encore que, néanmoins, toutefois, cependant, pourtant, au contraire, au moins*, etc.

Les conjonctions disjonctives sont celles qui établissent une distinction, une division entre les propositions qu'elles unissent : *ou, ou bien, soit, tantôt*, etc.

Les conjonctions explicatives sont celles qui lient par forme d'explication : *savoir, c'est-à-dire, de sorte que, comme*, etc.

Les conjonctions circonstancielles sont celles qui unissent deux propositions dont l'une dépend de l'autre par quelque circons-tance de temps ou d'ordre : *lorsque, quand, tandis que, pendant que, comme, dès que, depuis que, tant que, avant que, après que, jusqu'à ce que*, etc.

Les conjonctions conditionnelles sont celles qui lient deux propositions sous la dépendance d'une condition : *si, sinon, à moins que, supposé que, pourvu que*, etc.

Les conjonctions causatives sont celles qui marquent la cause, le motif pour lequel la première proposition a lieu : *car, parce que, afin que, puisque, vu que, attendu que, pourquoi, c'est pourquoi, de peur que,* etc.

Les conjonctions transitives sont celles qui marquent un passage, une transition d'une proposition à une autre, soit pour tirer une conséquence, soit pour conclure : *or, donc, ainsi, du reste, au reste, en effet, par conséquent, aussi, de plus, d'ailleurs, encore,* etc.

De l'emploi de quelques conjonctions.

I. *Et, ni,* servent également à unir les mots et les phrases ; mais *et* les unit affirmativement, et *ni,* négativement. Ma maison *et* mon lit sont faits pour vous. Ma maison *ni* mon lit ne sont point faits pour vous.

II. Ne dites pas : lequel fut le plus vaillant, de César *ou* d'Alexandre ? dites : lequel fut le plus vaillant, César *ou* Alexandre. Dites aussi: lequel aimes-tu le mieux, ton père *ou* ta mère.

III. *Parce que* (en deux mots) signifie *à cause que* : faut-il ne plus se confier en personne, *parce que* quelqu'un a trahi notre confiance ? *Par ce que* (en trois mots) signifie *par la chose que.*

Vois, *par ce que* je suis, ce qu'autrefois je fus.

IV. *Quoique* (en un mot) signifie *bien que* : *quoique* vous soyez instruit, soyez modeste. *Quoi que* (en deux mots) signifie *quelque chose que* : *quoi que* vous me disiez , je resterai le même.

V. La conjonction *que,* outre l'usage qui

lui est essentiel, d'unir deux prépositions, a encore celui de remplacer, dans certains cas, d'autres conjonctions, telles que *comme*, *si*, *quand*, *lorsque*, *quoique*, etc. *Comme* il me parlait et *que* je ne pouvais l'entendre. *Quand* on est pauvre et *que* l'on n'a point d'amis, la vie est bien ennuyeuse. Dans le premier exemple, *que* remplace *comme*; dans le second, il est employé pour *quand*.

REMARQUE. Parmi les conjonctions, les unes veulent le verbe suivant au subjonctif, les autres à l'indicatif. Toutes celles qui marquent le doute, la crainte, l'incertitude, le désir, veulent le subjonctif. *Soit que*, *pourvu que*, *avant que*, *afin que*, *de peur que*, *quoique*, etc.

CHAPITRE X.

DE L'INTERJECTION.

L'*interjection* est un mot invariable qui sert à exprimer les sentimens vifs et subits de l'ame. Ce n'est pour ainsi dire qu'un cri, mais ce cri équivaut à une proposition entière.

Les principales interjections sont :

1°. Pour marquer la douleur : *ah! aïe! ouf! ahi! hé! hélas!*

2°. Pour marquer la joie! *ah! bon! O!*

3°. Pour marquer l'admiration: *oh! ah!*

4°. Pour marquer l'aversion : *fi! fi donc!*

5°. Pour appeler: *holà! hem! hé! ho!*

6°. Pour imposer silence : *chut! paix!*

7°. Pour interroger : *hé bien ?*

8°. Pour marquer la surprise : *ha! ho!*

REMARQUES.

I. *Ah* exprime la douleur, la joie, l'admiration : *ah! quel bonheur! ah! que je suis malheureux*, etc.

Ha marque la surprise : *ha!* vous voilà. La même remarque s'étend aux autres interjections qui ont la même prononciation à peu près, et qu'il ne faut pas confondre.

II. L'interjection *o* sert à l'apostrophe oratoire : *o mon fils, peux-tu haïr ton père! o temps! o meurs!*

III. Il faut encore considérer comme *interjections*, certains mots qui servent à exprimer quelque mouvement de l'ame ; comme : *bon Dieu! tout beau! diantre! courage!* etc.

CHAPITRE XI.

SUPPLÉMENT.

DANS les dix chapitres que nous venons de parcourir, nous avons trouvé réuni, à peu de chose près, tout ce qui est susceptible de donner une connaissance exacte des dix espèces de mots dont se compose le discours : par les définitions, nous avons appris quelle en est la nature et l'essence ; les explications et les rapports auxquels chacune de ces parties a été soumise, nous en ont fait connaître les propriétés, la *syntaxe*.

La syntaxe a deux points principaux : l'*ac-*

cord et le *régime*. Dans cette phrase : *les hommes justes connaissent le prix de la justice*, c'est par syntaxe d'accord que l'adjectif *juste* prend une *s* ; et c'est par syntaxe de régime que la préposition *de*, avec son complément *la justice* détermine la signification du substantif *le prix*, qui lui-même complète le sens du verbe *connaître*. Ainsi, dès qu'il est question d'accord et de régime, il est question de syntaxe.

La syntaxe, ou construction grammaticale, est donc la manière d'arranger les mots dans une proposition, selon les règles établies par la nature et par l'usage, et dont l'ensemble constitue la grammaire.

Notre supplément contient tout ce qui, pour être compris, exige des connaissances déjà étendues en grammaire ; il contient en outre des marques particulières sur certains mots et certaines locutions, ou manières de s'exprimer.

SUPPLÉMENT AU SUBSTANTIF.

Des noms composés.

Les noms composés sont ceux dans la composition desquels il entre plusieurs mots séparés par des tirets.

Principe. Tout substantif composé doit s'écrire, au singulier et au pluriel, suivant que la nature et le sens des mots partiels l'exigent.

Il faut donc décomposer l'expression pour donner aux parties le nombre que le sens indique.

Dans les noms composés, les seuls mots variables sont le *substantif* et l'*adjectif*.

Voici quelques règles qui pourront faciliter l'application du principe général précédemment établi.

Première règle. Quand un nom est composé de deux substantifs, ils prennent tous deux le signe du pluriel.

Un chef-lieu, des chefs-lieux [des lieux qui sont chefs.]

Un chou-fleur, des choux-fleurs [des choux qui sont fleurs.]

EXCEPTÉ :

Un hôtel-Dieu, des hôtels-Dieu [des hôtels de Dieu.]

Un brèche-dents, des brèche-dents [qui ont une brèche dans les dents].

Seconde règle. Quand un nom est composé d'un substantif et d'un adjectif, ils prennent tous deux le signe du pluriel :

Une fausse-clef, des fausses-clefs [des clefs qui sont fausses].

Un arc-boutant, des arcs-boutants [des arcs qui sont boutants].

EXCEPTÉ :

Des blanc-seings [des signatures sur papier blanc].

Des terre-pleins (1) [des lieux pleins de terre].

Troisième règle. Quand un nom est composé de deux substantifs unis par une préposition, le premier substantif prend seul la marque du pluriel.

Un chef-d'œuvre, des chefs-d'œuvre [des chefs de l'œuvre).

Un arc-en-ciel, des arcs-en-ciel [des arcs dans le ciel].

____

(1) Terme de fortification.

10*

EXCEPTÉ :

Des pied-à-terre [logemens où l'on met le pied à terre, en passant].

Des tête-à-tête. [entrevues où l'on est tête à tête, seul à seul].

Quatrième règle. Quand un nom est composé de mots invariables, c'est-à-dire, quand il ne renferme ni substantif ni adjectif, aucune de ses parties ne prend la marque du pluriel :

> *Des pour-boire.*
> *Des passe-partout.*

Mais si le nom est composé d'un mot variable et d'un mot invariable, c'est-à-dire, d'un substantif ou d'un adjectif joint à un verbe, à une préposition ou à un verbe, le seul moyen de lever la difficulté, c'est de décomposer l'expression. Trois remarques.

1º. Si le nom composé offre au singulier *unité* dans l'idée, et au pluriel, *pluralité*, le mot variable marque ces rapport*s*.

Un avant-coureur [un coureur qui va en avant], *des avant-coureurs.*

Une haute-contre [une voix haute contre une autre voix], *des hautes-contre*

2º. Si le nom composé, quoique au singulier, offre *pluralité* dans l'idée, le mot variable marque cette *pluralité.*

Un ou *des essuie-mains* [ce qui essuie les mains].
Un ou *des cure-dents* [ce qui cure les dents].

3º. Si le nom composé, quoique au pluriel, offre *unité* dans l'idée, le mot variable restera au singulier.

Des contre-poison [remèdes contre le poison].
Des passe-port [papiers pour passer le port].

Remarques détachées.

I. *Question.* Doit-on dire d'une dame : elle a l'air *bon*, ou elle a l'air *bonne?*

Réponse. Toutes les fois que l'adjectif qui suit le mot *air*, peut raisonnablement qualifier ce substantif, il en prend le genre : elle a l'air *bon*, méchant, fier, orgueilleux, poli, prévenant. Mais si l'adjectif exprime une qualité qui ne puisse s'attribuer au mot *air*, cet adjectif s'accorde avec le sujet de la phrase : ces hommes ont l'*air* embarrassés, cette demoiselle à l'*air* légère à la danse.

Quand *avoir l'air* se rapporte à un nom de chose, l'adjectif s'accorde toujours avec ce nom de chose : cette poire à l'air *bonne* : cette plume a l'air *dure.*

II. *Quelque chose* signifiant *une chose quelconque* ou *une petite partie*, est un substantif masculin. Savez-vous quelque chose de *nouveau?* avez-vous lu ce livre? J'en ai lu quelque chose qui m'a paru *bon.* On dirait cependant : *quelque bonne* chose, *quelques belles* choses, parce qu'on met un autre adjectif entre *quelque* et *chose.*

III. Dans le style soutenu on dit *demain au matin, demain au soir*; dans la conversation, on dit *demain matin , demain soir.*

***

I. *Le*, placé devant les adverbes *plus, moins, mieux*, et formant un superlatif absolu, est invariable et cesse d'être article : la rose est la fleur que j'aime *le mieux*, qui me plaît *le plus;* mais, quand le superlatif est relatif, *le* est article et varie : la rose est *la plus* belle des fleurs.

II. L'élision de la voyelle de l'article *le*, *la*, n'a pas lieu devant *onze*, adjectif numéral : *le onze*. On dit l'*onzième* semaine ou la *onzième*. L'usage autorise à dire : *sur les une heure*, ce qui est assez bizarre.

SUPPLÉMENT A L'ADJECTIF.

I. Il y a des adjectifs qui, par eux-mêmes, ont une signification déterminée, comme : *vertueux*, *méchant*, *pauvre*, etc.; mais il y a des adjectifs qui ont besoin d'un complément, pour avoir une signification déterminée, comme : *capable*, *digne*, *prêt*, etc.

Le complément des adjectifs est un nom ou un verbe précédé d'une préposition, *à*, *de*, *pour*, *sur*, *envers*, etc. : *capable* d'apprendre, *digne de* récompense, *prêt à* partir, *respectueux envers* son père.

REMARQUE. Un substantif ou un verbe ne peut être placé à la suite de deux adjectifs, qu'autant que ces adjectifs demandent la même préposition. On dit bien, un homme *utile* et *cher à* sa famille; mais on ne peut pas dire : un homme *utile* et *chéri de* sa famille, parce qu'on ne peut mettre *de* après *utile*.

II. On ne doit employer *son*, *sa*, *ses*, *leur*, etc., mis pour un nom de chose, que quand ce nom se trouve exprimé dans la même proposition. On dit bien : cet ouvrage à *son* mérite, cet avis à *ses* partisans ; mais on ne dit pas : cet ouvrage est beau, j'admire *ses* beautés ; on remplace *son*, *sa*, *ses*, etc., par le pronom relatif *en*, et l'on dit : cet ouvrage est beau, j'*en* admire les beautés.

Cependant, après une préposition, on emploie bien *son*, *sa*, *ses*, *leur*, quoique le substantif possesseur ne soit point exprimé dans la même phrase : Paris est beau, j'admire la grandeur de *ses* édifices.

III. Le mot *tout* s'emploie de quatre manières :

1°. Comme substantif : le *tout* est plus grand que la partie ;

2°. Comme adjectif qualificatif : *tout* le monde veut ;

3°. Comme adjectif indéfini : *tout* citoyen se doit à sa patrie ;

4°. Comme adverbe : il a les cheveux *tout* blancs.

Remarque. *Tout* employé comme adverbe, pour *tout-à-fait*, *entièrement*, ne varie point : il a les jambes *tout* écorchées, ils sont *tout* étonnés. Cependant *tout* varie devant un adjectif féminin qui commence par une consonne : elle est *toute* déconcertée, *toutes* spirituelles qu'elles sont.

IV. *Le peu* a deux sens, il signifie *une petite quantité*, ou il veut dire *le manque*.

Dans le premier cas, c'est le substantif suivant qui détermine l'accord, alors *le peu* est un collectif partitif. Le *peu de science* que j'ai, est *suffisante* pour me faire bien remplir mes fonctions; cela signifie que j'ai quelque science.

Dans le second cas, le *peu* est l'objet principal de la pensée et détermine l'accord : le *peu* de science que j'ai *acquis* est cause que je ne puis occuper une place. D'après cela on dira : *le peu d'affection* qu'il m'a *témoignée* m'a prouvé qu'il m'aime encore ; le *peu* d'affection qu'il m'a *témoigné* m'a prouvé qu'il ne m'aime plus.

V. *Même* est adjectif, quand il est précédé d'un article ou d'un équivalent, *ce, cet, mon, ma*, *mes*, etc. Il a les *mêmes* vertus que son père. *Même* placé après un seul substantif est encore adjectif : ces murs *mêmes* peuvent nous trahir. *Même* est encore adjectif quand il est joint à un pronom : moi-*même*, toi-*même*, nous-*mêmes*, vous-*mêmes*.

REMARQUE. Quand *nous* et *vous* sont mis pour *moi, toi, même* reste au singulier : monsieur, allez-y *vous-même, nous-même*, allons-y. (Supposé qu'une seule personne parle.)

Mais lorsque *même* est placé après plusieurs substantifs, ou après un verbe, il est adverbe : les animaux, les plantes *même* étaient adorées en Egypte. Nous nous forgeons *même* des maux chimériques.

VI. *Quelque* s'écrit différemment selon qu'il est joint à un *substantif*, ou à un *adjectif*, ou à un *verbe*.

1°. Suivi d'un substantif seul ou précédé d'un adjectif, *quelque* s'écrit en un mot et s'accorde en nombre : *quelques* raisons, *quelques* bonnes raisons que vous me disiez.

2°. Suivi d'un adjectif seul ou d'un adverbe, *quelque* est invariable, étant lui-même adverbe : *quelque* puissants que soient les rois, ils ne peuvent rien contre la mort. *Quelque* adroitement qu'ils s'y prennent.

3°. Suivi d'un verbe, *quel que* s'écrit en deux mots séparés, et *quel* s'accorde en genre et en nombre avec le sujet du verbe. *Quel que* soit votre mérite, *quels que* soient vos talens ; votre fortune, *quelle qu'*elle soit.

Remarques détachées.

I. *Question.* Y a-t-il quelque différence entre ces deux locutions : Pierre et Paul iront *tous deux* à la chasse, Pierre et Paul iront *tous les deux* à la chasse ?

Réponse. Tous deux indique que Pierre et Paul iront *ensemble* à la chasse, dans le même lieu. *Tous les deux* signifie que Pierre et Paul iront à la chasse, sans dire qu'ils iront dans le le même lieu, ni en même temps.

II. Ne dites pas : c'est une ville *conséquente*, une fortune *conséquente*, une perte *conséquente*. Dans tous ces cas, on doit employer les adjectifs *grand, important, considérable*.

III. *Compris, excepté, joint, inclus.* L'usage veut que l'on dise : il gagne cent écus, *y compris* ses épargnes ; et il gagne cent écus, *ses épargnes y comprises*. Ils ont tous péri, *excepté* six personnes ; et *six personnes ex-*

ceptées. Ci-joint, ci-inclus, placés devant un nom dont le sens est vague, ne varient pas : vous trouverez *ci-joint, ci-inclus,* copie de ce que vous demandez ; mais quand l'énonciation est précise, le sens déterminé, *ci-joint, ci-inclus,* s'accordent avec le nom : vous trouverez *ci-jointe, ci-incluse,* la copie de ma lettre.

SUPPLÉMENT AU PRONOM.

I. Les pronoms *lui, leur, eux, elle, elles* employés à la suite d'une préposition, ou en régimes indirects des verbes, ne s'appliquent qu'aux personnes et aux choses personnifiées ; ne dites pas : cette maison menace ruine, n'approchez pas *d'elle ;* ces projets sont sages, je *leur* donne mon approbation. Dans ces cas, on se sert des pronoms *en, y* : n'*en* approchez pas, j'*y* donne mon approbation.

II. *Qui,* précédé d'une préposition, ne se dit que des personnes : le bonheur appartient *à qui* fait des heureux. Ainsi ne dites pas : l'étude *à qui* je m'applique, le cheval *sur qui* je monte ; dites : l'étude *à laquelle,* le cheval *sur lequel.*

III. *Chacun* prend tantôt *son, sa, ses,* et tantôt *leur, leurs.*

1°. *Chacun* prend *son, sa, ses,* après les verbes dont le sens est complet, tels que les verbes actifs suivis de leurs compléments, et les verbes neutres.

Remettez ces livres, *chacun* à sa place ;
Ces juges ont opiné, *chacun* selon *ses* lumières.

2º. *Chacun* prend *leur, leurs*, après les verbes dont le sens est incomplet, tels que les verbes actifs séparés de leurs complémens :
Remettez, *chacun à leur place*, les livres que vous tenez.
Ils ont apporté *chacun leurs* offrandes.

IV. Dites *ce* qui me chagrine, *c'est* de voir la faiblesse des hommes ; — *ce* qui m'attache à la vie, *c'est* toi. Dans tous ces cas on répète *ce* devant le verbe *être*.

V. Il y a quatre sorte de *que*,

Le 1er., pronom relatif : le livre *que* je lis ;

Le 2e., pronom absolu : je ne sais *que* faire ;

Le 3e., conjonction copul. : je sais *que* vous êtes bon ;

Le 4e., adverbe de quantité : *que* de gens pensent mal.

SUPPLÉMENT AU VERBE.

Remarques détachées.

I. *Aider quelqu'un*, c'est l'assister : *aider quelqu'un* de sa bourse, de ses conseils, de son crédit ; *aider à quelqu'un*, c'est partager sa fatigue, ses efforts : *aidez* à cet homme à porter son fardeau, *aidez-lui* à se relever.

II. *Atteindre à quelque chose* suppose des obstacles à vaincre : *atteindre au but, atteindre au plafond* avec sa main.

Atteindre quelque chose ne suppose ni difficulté, ni effort. *Il a atteint quarante ans.*

On dit *atteindre quelqu'un*, dans le sens de frapper, d'attraper, d'égaler.

III. *Éclairer quelqu'un*, c'est l'instruire :

on ne peut trop *éclairer* les hommes. *Eclairer à quelqu'un*, c'est apporter de la lumière pour qu'il voie : *Eclairez à Monsieur*.

IV. *Eviter* ne doit pas s'employer pour *épargner* ; ne dites pas : je vous *éviterai* cette peine ; dites : je vous *épargnerai* cette peine.

V. Ne dites pas il *en a* bien *agi*, il *en agit* mal avec moi ; dites : il *en a* bien *usé*, il *en use* bien avec moi, ou, il *a* bien *agi*.

VI. *Ne faire que*, c'est faire souvent : *il ne fait que sortir*, c'est-à-dire, il sort à tout moment. *Ne faire que de* marque une action qui vient d'avoir lieu : *il ne fait que de sortir*, c'est-à-dire, il n'y a qu'un moment qu'il est sorti.

VII. *Imposer* signifie imprimer du respect : l'air simple et noble de l'innocence *impose*. *En imposer* signifie tromper, mentir : l'air composé de l'hypocrite *en impose*.

VIII. *On imite* une exemple d'écriture. Hors ce cas, on dit *suivre l'exemple* de quelqu'un, ou *imiter* quelqu'un.

IX. *Observer* signifie considérer : *observer* les astres, *observer* les hommes. On ne doit pas dire : je vous *observerai* que ; mais je vous *ferai observer* que.

X. *Ce qui plaît* veut dire *ce qui est agréable* ; *ce qu'il plaît*, *ce que l'on veut* ; ainsi, quand quelqu'un vous demande à table, *que voulez-vous ?* repondez *ce qu'il vous plaira*, et non *ce qui vous plaira*.

XI. *Rappeler* est actif et veut un complé-

ment direct. Il suit delà qu'on ne doit pas dire :
je me *rappelle de cela*, je *m'en rappelle*. Il
faut dire : je me *rappelle cela*, je me *le rappelle*.

XII. *mal parler*, c'est dire des choses of-
fensantes ; parler mal, c'est faire des fautes
contre la grammaire : il ne faut point *mal
parler* des absents. Il ne faut point *parler
mal* avec des gens instruits.

XIII. *Servir à rien* marque une nullité
momentanée de service ; *servir de rien* marque une nullité absolue : ses talens ne lui
servent à rien; les plaintes que la douleur
arrache ne *servent de rien*.

SUPPLÉMENT AU PARTICIPE.

Il y a des verbes qui ont une signification
tout-à-fait différente, selon que leur participe
passé est joint au verbe *avoir* ou au verbe *être*.

I. Ce mot m'*est échappé* signifie : j'ai pro-
noncé ce mot sans y prendre garde. Ce mot
m'a échappé signifie : j'ai oublié ce mot, je
ne m'en souviens plus.

II. Ce mot *est passé* signifie : ce mot est
vieux et hors d'usage. Ce mot *a passé* signifie
qu'il a été introduit et reconnu pour bon dans
la langue.

III. On doit dire : mon frère *est allé* à Paris,
s'il n'en est pas encore revenu; s'il en est revenu,
il faut dire *il a été*. D'après cela on ne doit
point dire: *j'y suis allé, tu y es allé, nous y
sommes allés, vous y êtes allés*, puisqu'il y
a ordinairement retour dans le cas où l'on se

sert de ces locutions ; il faut dire : *j'y ai été, tu y as été*, etc.

Cependant on doit s'en servir dans quelques circonstances, par exemple un père dira à son fils qui s'en va à la messe : si quelqu'un vient te demander, je dirai que *tu es allé* à la messe.

IV. *Etant* se supprime bien avant le participe passé ; mais *ayant* ne se supprime jamais ; aussi a-t-on blâmé Racine d'avoir dit : *ce héros expiré*, pour *ayant expiré* ; car *expiré* au propre se conjugue avec *avoir*. On dirait bien : l'armistice *expiré*, on reprend les armes, parce qu'au figuré *expirer* prend l'auxil. *être*.

SUPPLÉMENT A LA PRÉPOSITION.

I. *Déjeûner, dîner*, etc., veulent *avec* devant un nom de personne : *déjeûner avec un ami ;* et *de* avant un nom de chose : *déjeûner de café, dîner d*'un pâté.

II. Quelques personnes emploient *malgré que* pour *quoique* et disent : *malgré que* vous le disiez, je ne le crois pas, c'est une faute ; dites *quoique* vous le disiez. *Malgré que* se dit pourtant dans un cas et signifie *mauvais gré que :* il l'a fait *malgré qu'il* en eût.

III. On dira : *Monsieur est à la campagne,* s'il y est pour son agrément, ou s'il y habite ; mais il faut dire : *Monsieur est en campagne,* s'il a quitté sa maison pour des affaires qui exigent des courses hors de la ville.

IV. On dit : *Monsieur est à la ville,* pour dire qu'il n'est point à la campagne, et l'on dit: *Monsieur est en ville*, pour dire qu'il n'est pas au logis.

V. Ce qui tombe *par terre* y touche : un homme tombe par terre en marchant ; ce qui tombe *à terre* n'y touche pas : les fruits d'un arbre tombent à terre.

SUPPLÉMENT A L'ADVERBE.

I. Il ne faut pas employer deux adverbes, quand il n'y a qu'une seule circonstance à exprimer ; ne dites pas : c'est *ici où* je suis, c'est *là où* je vais ; dites : c'est *ici que*, c'est *là que*.

II. L'adverbe *très*, servant à former un superlatif absolu, ne doit guère s'employer dans une proposition négative, ni avec un participe passé ; dites : je n'en suis pas *fort content*, j'en suis *bien fâché*, plutôt que je n'en suis pas *très content*, j'en suis *très fâché*.

CHAPITRE XII.

DE L'ORTHOGRAPHE.

L'*orthographe* est la manière d'écrire les mots d'une langue conformément à l'usage le plus général et le mieux autorisé.

I. La consonne finale de la plupart des noms ne se prononçant point, il faut, pour la connaître, consulter les mots qui en sont formés et qu'on appelle *dérivés*. D'après ce principe, on écrira *bond, chant, plomb, dard, sourcil, galop, pot, mort*, etc., à cause des dérivés *bondir*, *chanter*, *plomber*, *darder*, *sour-ciller*, *galoper*, *potier*, *mortel*.

Mais il y a des mots qui n'ont point de dérivés, l'habitude d'écrire et le tact de l'analogie les apprendront.

II. *At* termine les noms de dignité, de profession : *potentat*, *avocat*, *magistrat*, et d'autres mots, *orgeat*, *résultat*, *forçat*.

III. *Ance* termine les substantifs formés d'un participe présent : *abondance*, *nais-sance*, *subsistance*. Excepé *existence*, *se-mence.*, etc.

Ence termine les substantifs non dérivés d'un participe présent : *innocence*, *conscience*, *présence*. Excepté *balance*, *puissance*, *en-fance*, etc.

IV. *Oir* termine les noms masculins : *mi-roir*, *abreuvoir*, *rasoir*. Excepté *ivoire*, *ré-fectoire*.

Oire termine les noms féminins : *foire*, *armoire*, *poire*, etc.

V. *Té* termine une foule de substantifs fé-minins, la *bonté*, la *lâcheté*, la *félicité*. Ex-cepté ceux qui expriment une idée de capa-cité : *assiétée*, *hottée*, etc.

VI. Les substantifs en *ance* et en *ence*, qui ont des dérivés en *iel*, changent *c* en *t* : *es-sence*, *substance*; *essentiel*, *substantiel*. Ex-cepté *circonstanciel*.

VII. Les substantifs soit masculins, soit féminins terminés en *eur* ne reçoivent point *e* après cette finale : *bonheur*, *grandeur*. Ex-cepté *beurre*, *heure*, *demeure*.

VIII. Les noms en *que* et les verbes en *quer* changent *qu* en *c* dans leurs dérivés, devant *a* : *Afrique*, *fabrique*, *bibliothèque* font *Africain*, *fabricant*, *bibliothécaire*. *Suffoquer*, *communiquer* font *suffocation*, *communicable*. Excepté *attaquable*, *immanquable*, *marquant*, *croquant*, *remarquable*.

IX. On écrit par *sion*, *expulsion*, *aversion*, *ascension*, *pension*, *dimension*, *passion*, *suspension*, et par *tion* presque tous les autres mots : *attention*, *portion*, *notion*, *assertion*, *désertion*, etc.

On écrit par *xion* : *connexion*, *réflexion*, *complexion*, *fluxion*. (*E* ne prend pas l'accent devant *x*.)

X. *Ment* termine tous les substantifs qui ont cette finale : *bâtiment*, *gouvernement*, *logement*. Excepté *amant*, *aimant*, etc.

XI. Les mots terminés par *cours* ont toujours une *s* : *secours*, *cours*, *décours*, *recours*. Excepté la *cour*.

XII. Au lieu de *n* on emploie *m* devant *b*, *p*, *m* : *tomber*, *emporter*, *emmener*. Excepté *embonpoint*.

XIII. *B*, *d*, *g* se doublent seulement dans *abbé*, *abbaye*, *rabbin*, *sabbat*; — *addition*, *reddition*; — *agglomérer*, *aggraver*, *suggérer*, et les dérivés.

XIV. Au lieu de doubler la consonne *q*, on la fait précéder de *c* dans *acquitter*, *acquiescer*, *acquérir*, et les dérivés.

XV. Tous les verbes en *endre* s'écrivent avec un *e*; *répandre* seul prend un *a*.

Des Particules.

On appelle particules des petites parties élémentaires qui entrent dans la composition de certains mots pour y ajouter une idée accessoire. Quelques-unes se mettent avant les mots; telles sont les particules, *a*, *en*, *é*, *de*, *in*, *re*.

A marque la tendance : *améliorer, accourir, apaiser, accoutumer, aguerrir, attirer, atteindre*, etc.

En marque l'intériorité : *engager. encourager, enlignement, enraciner, enrôler*, etc.

E marque suppression : *ébrancher, édenter, effacer, écourter, écorner*, etc.

De marque une action contraire : *détacher, descendre, découvrir, déparer, dénouer*, etc.

In marque l'opposition : *inégal, inaperçu, incapable, insensible*, etc. *In* se change en *il* devant *l*, en *im* devant *m*, en *ir* devant *r* : *illégale, illégitime, immortel, immoral, irréligieux, irréfléchi. In* marque aussi l'intériorité, comme *en : incorporer, incarcérer, imboire*, etc.

Re marque le redoublement, la répétition : *recouvrir, repousser, retourner, revenir, reteindre*, etc.

Il y a d'autres particules de cette espèce; nous n'avons parlé que des principales.

Enfin il y a des particules qui se mettent après les mots; telles sont les particules *ci* et *là*, dans *voici, voilà ;* cet homme-*ci*, cet homme-*là*.

REMARQUE. Ne dites pas cet homme *ici*, ce temps *ici ;* dites : ce temps-*ci*.

Emploi des majuscules.

On commence par une majuscule, 1º. tous les noms propres d'hommes, de villes, de provinces, de rivières, de peuples, etc. : *Pierre, Paul, Racine, Bossuet*; *Paris, Nevers*; la *Normandie*, le *Berry*; la *Loire*, le *Rhin*; les *Français*, les *Anglais*, etc. 2º. Toutes les phrases, après un point, et tous les vers. 3º. Tous les noms d'arts, de sciences pris dans un sens individuel : la *Grammaire* est une science indispensable.

EMPLOI DES SIGNES ORTHOGRAPHIQUES.

Des accents.

I. L'accent aigu ne s'emploie pas comme signe de distinction. (Voyez l'*Introduction*.)

II. On met un accent grave sur *à* préposition ; on n'en met point sur *a* troisième personne du verbe *avoir*.

On met l'accent grave sur *là*, adverbe ; on n'en met point sur *la* article ou pronom.

On met l'accent grave sur *où*, pronom relatif ou adverbe ; on n'en met point sur *ou* conjonction.

On met l'accent grave sur *dès*, préposition, on n'en met point sur *des* article.

III. On met un accent circonflexe sur *mûr* (qui est est en maturité) ; on n'en met point sur *mur*, ouvrage de maçonnerie. On met aussi l'accent sur *mûre*, fruit.

On met l'accent circonflexe sur l'*u* de *sûr*, adjectif signifiant *certain* ; on n'en met point sur l'*u* de *sur*, préposition.

On met cet accent sur *dû*, *tû*, *crû*, participes des verbes *devoir*, *taire*, *croître*; on n'en met point sur *du* article, *tu* pronom, *cru*, participe du verbe *croire*.

De l'Apostrophe.

L'apostrophe marque la suppression d'une des voyelles *a*, *e*, *i*, devant une autre voyelle ou une *h* muette.

1°. *A* ne se retranche que dans *la* : *l'ame* pour *la ame*, etc.

2°. *E* se retranche dans les monosyllabes *je*, *me*, *ne*, *le*, *te*, *de*, *que*, *ce*, *se* : *j'*aime, je *m'*égare, il *t'*estime, *l'*homme, *qu'*avez-vous fait ?

E se retranche dans *lorsque*, *puisque*, *quoique*, seulement devant *on*, *un*, *il*, *elle* : *lorqu'*il parle, *puisqu'*on le dit, *quoiqu'*elle veuille.

L'*e* de *presque* ne s'élide que dans *presqu'île*.

L'*e* de *quelque* ne s'élide que dans *quelqu'un*, *quelqu'une*, *quelqu'autre*.

L'*e* du mot *entre* s'élide devant *eux*, *elles*, *autres*, et quand il entre dans la composition d'un mot : *entr'acte*, *entr'aider*.

L'*e* du mot *grande* s'élide dans ces mots du discours familier : *grand'mère*, *grand'messe*, *grand'rue*, *grand'peine*, *grand'chère*, etc.

3°. *I* se retranche seulement dans la conjonction *si* devant *il*, *ils* : *s'il* vient, *s'ils* disent.

(Pour la cédille voyez l'*Introduction*.)

Du Tréma.

L'emploi du tréma est fautif quand on peut le remplacer par un accent, ainsi écrivez : *poème*, *poète*, *poésie*, *poétique*, et non : *poëme*, *poësie*.

Du Trait d'union ou Tiret.

Le tiret se met : 1° entre le verbe et les pronoms *je*, *moi*, *nous*, *tu*, *vous*, *il*, *elle*, *le*, *la*, *les*, *lui*, *leur*, *en*, *y*, *on*, *ce*, quand ces pronoms sont après le verbe : irai-*je*, viendrez-*vous*, laissez-*le*, laissez-*le-moi*, rends-*la-lui*, etc.

2°. Entre les particules *ci*, *la* et le mot qu'elles accompagnent : ce temps-*ci*, cet homme-*là*, *ci*-dessus, *là*-haut.

3°. Entre les éléments des noms composés et de certaines locutions : *arc-en-ciel*, *serre-tête* ; *vis-à-vis*, *c'est-à-dire*.

4°. Entre le pronom personnel et le mot *même* : *lui-même*, *eux-mêmes*.

5°. Entre le mot *très* et le mot qui le suit : *très*-grand, *très*-lentement. Cependant quelques bons auteurs et des imprimeurs distingués le suppriment dans cette circonstance, et nous avons adopté cette suppression, parce que l'usage qui commence à l'autoriser est conforme en ce point à la raison.

6°. Enfin on met le trait d'union entre deux adjectifs de nombre cardinaux, quand le dernier ne passe pas la dixaine : *dix-sept*, *dix-huit*, *vingt-deux*, *vingt-trois*, etc. ; *quatre-vingts*, *quatre-vingt-deux*, *quatre-vingt-dix*.

Mais on écrira sans trait d'union : *vingt et un*, etc. ; *quatre-vingt quinze*, *cent quarante*, *mille huit cent soixante douze*.

CHAPITRE XIII.

DE LA PRONONCIATION.

A est nul et inutile dans *août*, *taon*, *Saône*.

C ne se prononce pas dans *estomac*, *almanach*, *tabac*, *lacs*, *échecs* (jeu), *broc*, *porc*, *marc* (poids) ; mais il sonne dans *échec* (perte) et dans *Marc* (nom propre).

C se prononce comme *g* dans *second*, et comme *ch* dans *vermicelle*, *violoncelle*.

Ch se prononce comme *k* dans *Acheloüs*, *archange*, *chiromancie*, *chronologie*, *orchestre*, *anachorète*, *archiépiscopat*, *patriarchat*. Mais prononcez *ch* dans *Achile*, *Achéron*, *chérubin*, *archevéque*, *patriarche*.

D à la fin des mots se prononce comme *t* sur une voyelle : *grand* homme, de *fond* en comble.

E se prononce comme *a* dans *indemnité*, *indemniser*, *solennel*, *solenniser*, *hennissement*, *hennir*.

F est nulle dans *cerf*, *cerf-volant*, *clef*, *œuf frais*, *œuf dur*, *nerf de bœuf*, *bœuf gras*, *bœuf salé*. Elle est également nulle dans les pluriels *bœufs*, *œufs*, *nerfs*. Elle se prononce dans *serf* (esclave), *œuf*, *bœuf*, *nerf*, quand ils terminent la phrase.

G , à la fin d'un mot, se prononce comme *c* sur une voyelle : *sang* humain, *long* hiver. Il ne se prononce jamais dans *étang*, *faubourg*, *hareng*, *legs*, *coing*, *bourg*.

Gn a une prononciation mouillée dans *agneau*, *magnétisme*, *magnifique*, *incognito*.

Gn se prononce *gue-n* dans *gnome*, *inexpugnable*, *igné*, *Progné*, *Gnide*.

H, aspirée dans *héros*, ne l'est pas dans *l'héroïsme*, *l'héroïne*.

I est nul dans *oignon*, *poignant*, *poignard*, *poignée*.

L est nulle dans *baril*, *chenil*, *coutil*, *fusil*, *outil*, *persil*, *sourcil*, *soul*, *gentil*, synonyme de *joli*.

L, précédée d'un *i*, est ordinairement mouillée et se prononce comme dans *pareil*, *famille*, *péril*, *avril* ; elle ne l'est pas dans *imbécille*, *tranquille*. *Sully* se prononce avec le son mouillé.

M se prononce dans *Abraham*, *Jérusalem*, *Amsterdam* ; elle équivaut à *n* dans *faim*, *Adam*, *nom*, *parfum* ; elle est nulle dans *condamner*, *damner*, *automne*.

N est nulle dans *Béarn*.

O ne se prononce pas dans *faon*, *paon*, *Laon*.

P est nul dans *dompter*, *prompt*, *baptême*, *baptiser*, *exempt*, *cep* de vigne.

Qu se prononce *cou* dans *aquatique*, *équateur*, *équation*, *quadruple*, *quadrupède*. *Quaker* se prononce *Kouacre*. Il a le son de *eu* dans *équestre, équitation, liquéfier, quintuple, Quinte-Curce, questeur.*

R se prononce dans *Niger, Alger, cancer, cuiller.* Cette lettre se prononce également à la fin des verbes en *er*, seulement quand le mot suivant commence par une voyelle ; ainsi *aimer à jouer, folâtrer et rire* se prononcent *aimé-rajouer, folatré-rérire.*

Remarquez que l'*e* des infinitifs en *er* est un *é* fermé.

S est nulle dans *avis, divers, os, alors, mors,* si le mot suivant commence par une consonne. *S* est nulle aussi dans *dès que, tandis que, du Guesclin.*

S sonne dans *aloës, blocus, dervis, gratis, jadis, mars, laps, ours, Rheims* ; elle est nulle dans *Jésus-Christ, fleur de lis,* et sonne dans *Jésus, lis, christ.*

S a le son de *z* dans *balsamine, balsamique, Alsace,* et entre deux voyelles : *maison, désunir* ; excepté dans *désuétude, pusillanime, préséance, vraisemblance,* etc.

T est nul dans *aspect, respect, circonspect* ; il sonne dans *abject, brut, correct, dot, fat, granit, luth, net, rapt, subit, suspect, tact, toast,* vent *d'est.*

Tion se prononce après *s* ou *x* : *digestion, mixtion.*

Tie se prononce *cie* dans *ineptie, minutie, impéritie, inertie, démocratie, primatie.*

U se fait entendre dans *aiguiser, aiguille, aiguillon, inextinguible,* duc de *Guise.*

V, lorsqu'il est double, se prononce comme

un *V* simple : *Warwick*, *Westphalie*. *Newton*, et *Laws* se prononcent *Neuton*, *Lâce*.

X se prononce *ss* dans *Aix*, *Auxerre*, *Auxonne*, *Bruxelles*.

Dans la conversation, il y aurait de l'affectation à faire sentir la consonne finale d'un mot sur la voyelle initiale d'un autre mot. On ne doit faire cette liaison que quand les deux mots sont tellement unis que le sens n'admet aucune pause entr'eux. Ainsi l'on fera sentir *n* dans *mon* ami, *certain* auteur, *bon* enfant, *on* ignore; et l'on ne la fera point sentir dans *notre cousin* est venu, *du vin bon* à boire. *Un homme* se prononce *u-nhomme*.

Dans la lecture et dans la déclamation on doit toujours faire la liaison. Il faut excepter seulement quelques mots dont la consonne finale est toujours nulle : *plomb*, *dard*, *bord*, *poing*, *seing*, *camp*, *drap*, *champ*, etc.

CHAPITRE XIV.

DE LA PONCTUATION.

La *ponctuation* est la manière d'indiquer, par des signes reçus, les pauses que l'on doit faire en lisant, et la distinction du sens des phrases entr'elles.

Les signes de ponctuation sont : la *virgule* (,); le *point-virgule* (;) ; les *deux points* (:) ; le *point* (.) ; le *point interrogatif* (?) ; le *point admiratif* (!) ; les *points suspensifs* (.....) ;

le *trait de séparation* (—); le *guillemet* («) et la *parenthèse* ( ).

I. La virgule marque la plus petite pause. On l'emploie 1°. pour séparer les parties semblables d'une même proposition, comme les *sujets*, les *attributs*, les *régimes* et les verbes *adjectifs*.

Il faut régler ses goûts, ses travaux, ses plaisirs.
Tout doit aimer, bénir, adorer l'éternel.
Les Français sont aimants, légers, belliqueux.

2°. Pour séparer des propositions placées en énumération :

On se menace, on court, l'air gémit, le fer brille.

3°. Avant et après un ou plusieurs mots qu'on peut détacher sans altérer le discours, comme les mots en apostrophe, les propositions incidentes purement explicatives, etc.

. . . . Le sort, qui toujours change,
Ne nous a pas promis un bonheur sans mélange.
Je crains Dieu, cher Abner, et n'ai point d'autre crainte.

II. Le point-virgule marque une pause plus forte que la virgule. On l'emploie 1°. pour séparer deux propositions d'une certaine étendue et dont la seconde dépend de la première.

Le bien de la fortune est un bien périssable ;
Quand on bâtit sur elle on bâtit sur le sable.

2°. Pour séparer les parties principales d'une énumération dont les parties subalternes exigent la virgule :

Pour être un véritable ami, il faut aimer avec désintéressement, être prêt à faire les plus grands sacrifices ; il faut supporter, pardonner, faire sentir doucement à notre ami les fautes qu'il a commises envers nous ; il faut être vertueux au suprême degré.

III. Les deux points expriment un repos encore plus considérable que le point-virgule. On s'en sert 1º après une phrase finie, mais suivie d'une autre qui l'éclaircit :

Il faut, autant qu'on peut, obliger tout le monde :
On a souvent besoin d'un plus petit que soi.

2º. Après une proposition qui annonce une citation :

Pythagore a dit : mon ami est un autre moi-même.

IV. Le point marque la plus longue des pauses. on le met après une phrase dont le sens est entièrement fini :

La pudeur fut toujours la première des grâces.

V. Le point interrogatif se met après les phrases qui expriment l'interrogation :

Avec tant de moyens d'être heureux, pourquoi sommes-nous si malheureux?

VI. Le point admiratif ou exclamatif se met après les phrases qui marquent une émotion vive ou subite de l'ame :

A tous les cœurs bien nés que la patrie est chère!

VII. Les points suspensifs se mettent après les phrases interrompues, pour peindre le désordre intérieur causé par une passion violente :

J'aime. . . . A ce nom fatal je tremble, je frissonne.
J'aime. . . .   [RACINE, *Phèdre*, acte 1.]

VIII. Le trait de séparation est, quant à la forme, semblable au trait d'union. On le met pour indiquer le changement d'interlocuteur :

Je te rebats ce mot, car il vaut tout un livre :
Jouis.—Je le ferai.—Mais quand donc?—Dès demain.
—Eh, mon ami, la mort te peut prendre en chemin.
          [LA FONTAINE.]

12*

IX. Le guillemet, qui représente deux virgules assemblées, se met avant chaque ligne d'un discours cité ou supposé :

Quel plaisir de penser et de dire en vous-même :
« Partout, en ce moment, on me bénit, on m'aime ;
« On ne voit point le peuple à mon nom s'alarmer ;
« Le Ciel dans tous leurs pleurs ne m'entend point
  « nommer. »   [RACINE, *Britan.*]

X. La parenthèse est une figure qui sert à renfermer certains mots qu'on pourrait retrancher, mais qui servent cependant à l'éclaircissement d'une phrase :

Je croyais moi [jugez de ma simplicité]
Que l'on devait rougir de la duplicité.
        [DESTOUCHES.]

CHAPITRE XV.

DE LA CONSTRUCTION FIGURÉE.

Il y a dans toutes les langues une construction de mots qui se fait dans l'ordre le plus simple et le plus naturel, dans l'ordre qu'indique la marche de l'esprit humain et la succession des idées. Dans cette construction, tous les mots nécessaires à l'expression d'une pensée sont énoncés sans surabondance ni défaut. Cette construction se nomme naturelle, parce qu'elle est conforme à la marche que la nature indique.

Mais le besoin d'abréger, la vivacité de l'imagination, l'impétuosité des passions font souvent déroger aux règles de cette construction; et alors la construction, cessant d'être naturelle, prend le nom de figurée, à cause des quatre figures de syntaxe qu'elle admet. Ces quatre figures sont l'ellipse, le pléonasme, la syllepse et l'inversion.

I. — *De l'Ellipse.*

L'*ellipse* est une figure (1) qui consiste à supprimer un ou plusieurs mots nécessaires pour rendre la phrase pleine et entière ; mais inutiles quant au sens et à la clarté.

Toute ellipse qui rend le sens louche ou équivoque est vicieuse ; et l'on a dit, en général, que tout ce qui n'est pas clair et précis n'est pas français.

Il faut donc, pour que l'ellipse soit permise, que l'esprit puisse suppléer facilement les mots supprimés ou sous-entendus.

Le vieillard *est riche* de ce qu'il possède, et le jeune homme de ce qu'il espère. C'est comme s'il y avait : et le jeune homme *est riche* de ce qu'il espère.

Le printemps est la plus belle des saisons. Le mot *saison* est sous-entendu après *la plus belle.*

II. — *Du Pléonasme.*

Le *pléonasme* est le contraire de l'ellipse. Cette figure consiste à ajouter un ou plusieurs mots, qu'on pourrait retrancher sans nuire au sens, mais qui donnent plus de force au discours. Dans ce vers de Racine :

Et que m'a fait, *à moi*, cette Troie où je cours.

---

(1) *Figure* signifie dans ce cas : construction de mots, tournure de phrase qui n'est point naturelle.

les mots *à moi* forment un pléonasme qui marque plus énergiquement que Troie n'a rien fait à celui qui parle.

L'usage permet aussi plusieurs pléonasmes dans le discours familier, comme :

Je l'ai vu de mes yeux, je l'ai entendu de mes propres oreilles, monter en haut, descendre en bas, etc.

Mais le pléonasme qui n'est point autorisé par l'usage, et qui n'offre qu'une répétition fastidieuse, est un vice. Tels sont ceux-ci :

Mes emplois sont bien *lourds* et bien *pesants;*
Votre nom *immortel* ne périra jamais ;

car, ce qui est *lourd* est *pesant;* ce qui est *immortel* ne peut périr.

III. — *De la Syllepse.*

La *syllepse* est une figure par laquelle on fait accorder un mot plutôt avec celui auquel il correspond par l'idée qu'avec celui auquel il se rapporte grammaticalement.

Jeune et charmant *objet.* . . . .
Vous n'êtes point *tombée* en de barbares mains.

[VOLTAIRE, Mahomet.]

Tombée est au féminin, parce que celui qui parle, s'adressant à une femme, est plus occupé d'elle que du mot *objet.* Il faut beaucoup de réserve dans l'emploi de cette figure.

IV. — *De l'Inversion.*

L'inversion consiste dans le déplacement des mots. L'ordre naturel des mots veut que l'on énonce d'abord le sujet, ensuite le verbe, puis les compléments. L'inversion a lieu toutes les fois que cet ordre n'est point observé. Quand La Bruyère a dit : *Cette justice qui nous est quelquefois refusée par nos contemporains, la postérité sait nous la rendre,* il a fait une inversion, car la construction directe serait : *La postérité sait nous rendre cette justice, qui nous est quelquefois refusée par nos contemporains.*

L'inversion donne de la force, de la rapidité et de l'harmonie au style; elle est vicieuse quand elle entortille les phrases et les rend amphibologiques.

Des Gallicismes.

Les *gallicismes* sont des manières de s'exprimer propres à notre langue : car, quoique toutes les langues se ressemblent par la construction dans leurs parties essentielles, elles diffèrent par l'emploi de certains mots et de certaines locutions.

Le gallicisme a lieu, 1°. dans le sens d'un seul mot : il vit *honorablement,* pour il vit *sans regarder à la dépense* ; 2°. dans l'association de plusieurs mots, comme : *les chaleurs qu'il y a eu, quelque chose de bon.* La différence établie entre *une certaine nouvelle* et *une nouvelle certaine,* etc., etc.; cette différence présente un gallicisme ; *mauvaise grâce* en offre un autre par la réunion de deux mots qui semblent se repousser ; 3°. le gallicisme a encore lieu dans l'emploi d'une figure : *se mettre en quatre,* pour *faire tous ses efforts; casser les vîtres,* pour *ne rien ménager dans ses propos.*

CHAPITRE XVI.

DE L'ANALYSE GRAMMATICALE.

L'ANALYSE grammaticale est l'art de décomposer les propositions, de dire à quelle partie du discours appartient chaque mot, et quels en sont les rapports syntaxiques.

Modèle d'analyse grammaticale.

L'ami des arts trouve des plaisirs délicieux dans ses travaux en s'occupant du bonheur de ses semblables, quoiqu'ils n'en soient pas toujours dignes.

L' (le)	Art. simp. masc. sing.
ami	Subs. com. masc. sing. déterm. par *l'* sujet du verbe *trouve*.
des	Art. comp. des deux gen. pl. [pour *de les*].
arts	Subs. com. masc. pl. dét. par *des*, compl. de la prép. *de*.
trouve	V. act. au prés. de l'ind. 3ᵉ pers. du sing.
des	Art. partit. des deux gen. pl.
plaisirs	Subs. com. masc. pl. dét. par *des*, comp. dir. du v. *trouve*.
délicieux	Adj. qual. masc. pl.
dans	Prép. de lieu.
ses	Adj. poss. des deux gen. pl.
travaux	Subs. com. mas. pl. dét. par *ses*, comp. de la prép. *dans*.
en	Prép. de lieu.
s' (se)	Pron. pers. réfl. mis p. *soi*, comp. dir. du v. *occupant*.
occupant	Verbe réfl. au part. prés., compl. de la prép. *en*.
du	Art. comp. mas. sing. [pour *de le*].

bonheur	Subs. com. mas. sing. dét. par *du*, comp. de la prép. *de*.
de	Prép. de relat.
ses	Adj. poss. des deux gen. pl.
semblables	Subs. com. masc. pl. dét. par *ses*, comp. de la prép. *de*.
quoique	Conj. advers.
ils	Pron. pers. masc. 3ᵉ pers. du pl. sujet du v. *soient*.
en	Pron. rel. masc. sing. [mis pour *de cela*], comp. de l'adj. *digne*.
soient	Verbe subs. au prés. du subj. 3ᵉ pers. du pl.
ne pas	Adv. de nég. [Il faut toujours réunir *ne pas*, *ne point*.]
toujours	Adv. de temps.
dignes.	Adj. qual. masc. pl.

CHAPITRE XVII.

DES BARBARISMES ET DES SOLÉCISMES.

LE *barbarisme* est une faute contre la pureté du langage. On fait un barbarisme 1°. en employant un mot qui n'est pas adopté, comme *embêter*, au lieu de *hébéter*; 2°. en prenant un mot dans un sens différent de celui qui lui est assigné par l'usage, comme *auparavant moi*, au lieu d'*avant moi*; porcelaine *casuelle*, pour *fragile*; 3°. en terminant un mot autrement que l'usage ne le veut : des *ails*, pour des *aulx*; vous *médites*, pour vous *médisez*; 4°. en omettant un mot qu'il faut employer, et en employant un mot qu'il faut omettre : *les vieux et nouveaux soldats*, au lieu de *les vieux et les nouveaux soldais;* ils s'aiment *l'un et l'autre,* au lieu de *l'un l'autre.*

Le *solécisme* (1) viole les règles établies pour la pureté du langage. On fait un solécisme 1°. contre le genre des noms : pleurs *amères,* pour pleurs *amers;* cette petite fille est *un bel* enfant, pour *une belle* enfant; 2°. contre le nombre : vingt et un *cheval,* au lieu de vingt et un *chevaux;* 3°. contre le temps : il m'a écrit qu'il *arriverait demain,* pour qu'il *arrivera;* 4°. contre le régime : je ne m'*en* rappelle plus, pour je ne me *le rappelle* plus.

Liste de quelques barbarismes.

Ne dites pas ;	Dites :
1°. Lieu *airé.*	*Aéré.*
Chat *angola.*	Angora.
Il *brouillasse.*	Il bruine.
Corporence.	Corpulence.
Décesser de parler.	Cesser.
Ambrouillamini.	Brouillamini.
Franchipane.	Frangipane.
Humeur *massacrante.*	Humeur *insupportable.*
Air *minable.*	Air *misérable.*
Mésentendu.	Malentendu.
Pindaliser.	Pindariser.
Rancuneur.	Rancunier.
La *tombée* de la nuit.	L'*entrée* de la nuit.
Perdre la *tramontade.*	Perdre la *tramontane.*

______

(1) *Solécisme* vient de *Soles,* ville où la pureté de la langue grecque s'était corrompue.

Barbarisme veut dire façon de parler *barbare.*

Ne dites pas :	*Dites :*
2°. *Bâiller* aux corneilles.	*Bayer* aux corneilles.
Demander excuses.	*Faire* des excuses, demander pardon.
Jouir d'une mauvaise réputation, d'une mauvaise santé.	*Avoir* une mauvaise réputation, etc.
Il a *recouvert* la vue, la santé.	*Recouvré* la vue, etc.
Je l'ai *fixé*.	Je l'ai *regardé* fixement.
Rue *passagère*.	Rue *passante, fréquentée*.
3°. Il faut que tu *soies* bon.	Que tu *sois* bon.
Je désire que tu *vales* mieux.	Que tu *vailles* mieux.
4°. *Ses* père et mère.	*Son* père et *sa* mère.
Se venger *sur* l'un et l'autre.	*Sur* l'un et *sur* l'autre.
Il s'en est fallu *de* rien.	Il s'en est *rien* fallu.
Cela ne fait *de* rien.	Cela ne fait *rien*.
Je me suis *en* allé.	Je m'*en* suis allé.
Allons promener.	Allons *nous* promener.

Liste de quelques solécismes.

Ne dites pas :	*Dites :*
1°. La *comté*.	Le comté.
L'automne a été *pluvieuse*	L'automne a été *pluvieux*.
Un *petit* antichambre.	Une *petite* antichambre.
2°. Mon frère est dans *la* troupe [à l'armée].	Mon frère est dans *les troupes*.
Le vaisseau arriva à *pleine* voile (1).	Le vaisseau arriva à *pleines voiles*.

---

(1) Un vaisseau n'a pas qu'une voile. L'idée de l'armée renferme celle de plusieurs troupes.

13

Ne dites pas :   *Dites :*

3°. Il m'a écrit qu'il *de-* Il m'a écrit qu'il demeure,
meurait maintenant à   etc.
Paris.

Je craindrais qu'il ne   Je craindrais qu'il ne *vou-*
veuille plus.   *lût* plus.

4°. Buste *en* plâtre, table Buste *de* plâtre, etc.
en bois, etc.

Homme *à* talent.   Homme *de* talent.

Il *m'a* invectivé.   Il a invectivé *contre* moi.

Toucher *de* l'orgue, *du* Toucher l'orgue, etc.
piano, etc.

J'ai rêvé cette nuit *à*   J'ai *rêvé de* vous.
vous (1).

Ils *se* sont *disputés.*   Ils ont disputé.

CHAPITRE XVII.

DES HOMONYMES.

ON appelle *homonymes* les mots qui ont la
même prononciation, sans avoir la même orthographe, comme *compte*, *comte*, *conte*.

On appelle *homographes* les mots qui ont
la même orthographe, sans avoir le même
sens, comme *son* de cloche, *son* de farine,
son adj. poss.

Nous ne parlerons que des homonymes,
parce que l'emploi de ces mots offre seul des
difficultés aux enfants, qui ne recourent pas
toujours au sens ni aux dérivés.

---

(1) Si *rêver* siggnifiait *penser*, on dirait : je rêvais
à vous en me promenant. Si *disputer* était verbe réciproque, on dirait : ils se sont disputé la victoire.

Liste des principaux Homonymes.

Alêne de cordonnier ; *haleine*, souffle.

Amande, fruit ; *amende*, peine pécuniaire.

Ancre de vaisseau ; *encre* à écrire.

Auspice, présage ; *hospice*, hôpital.

Autel d'un temple ; *hôtel*, auberge, logis.

Auteur d'un ouvrage ; *hauteur*, élévation.

Balai, à balayer ; *ballet*, danse.

Cahot de voiture ; *chaos*, mélange confus.

Ceint, du verbe *ceindre* ; *cinq*, adj. numéral ; *sain*, qui vient de santé ; *saint*, de sainteté ; *sein*, milieu, cœur ; *seing*, signature.

Cette, pron. dém. ; *sel* à saler ; *selle*, pour un cheval.

Cent, adj. numéral, *sang*, des veines ; *sans*, préposition ; *sens*, jugement, *bon sens*.

Chaîne de fer ; *chêne*, arbre.

Chair, viande ; *chaire* à prêcher ; *cher*, *chère*, précieux.

Champ, terre ; *chant*, action de chanter.

Comte, dignité ; *compte*, calcul ; *conte*, historiette feinte.

Cor de chasse ; *corps*, cadavre.

Cou entre la tête et les épaules ; *coup*, action de frapper ; *coût* d'un acte.

Dessein, projet ; *dessin*, de dessiner.

Echo, qui répète la voix ; *écot*, dépense.

Faim, besoin de manger ; *fin*, terme d'une chose ; *feint*, du verbe *feindre*.

Faîte, le plus haut point ; *fête*, solennité.

Foi, croyance ; *foie*, viscère de l'animal ; *fois*, nombre des actions ; *fouet*, pour conduire les chevaux.

Fond, profondeur ; *fonds*, posession ; *fonts* de baptême.

Guère, peu ; *guerre*, combats.

Héraut, officier chargé des cris publics ; *héros*, guerrier magnanime.

Lire un livre ; *lyre*, instrument de musique.

Maire d'une ville ; *mer*, l'océan ; *mère* d'un enfant

Mal, douleur ; *mâle*, opposé à la femelle ; *malle*, meuble.

Maître, qui instruit ; *mètre*, mesure ; *mettre*, verbe.

Maure, Africain ; *mors* d'une bride ; *mort*, trépas.

Non, négation ; *nom*, du verbe *nommer*.

Pain à manger ; *peint* du verbe peindre ; *pin*, arbre.

Pair, dignité ; *paire* de bas ; *père* d'un enfant.

Paix, tranquillité ; *paie*, solde.

Peau d'un animal ; *pot*, vase.

Penser, réfléchir ; *panser* un cheval.

Plaine de campagne ; *pleine*, remplie.

Poids à peser ; *pois*, légume ; *poix*, résine.

Poing, main fermée ; *point*, adv. ou subs. signifiant marque ; piqûre, etc.

Raisonner, faire usage de sa raison ; *résonner*, retentir.

Raine, grenouille verte ; *reine*, femme du roi ; *rêne*, courroie de la bride ; *renne*, animal de Laponie.

Saut, action de sauter ; *sceau*, pour cacheter ; *seau* à mettre de l'eau ; *sot*, ignorant.

Sceller, cacheter ; *seller* un cheval ; *celer*, cacher.

Saoul, rasasié ; *sou*, monnaie ; *sous*, prépos.

Tante, femme de l'oncle ; *tente*, pavillon.

Tribu, division d'un peuple ; *tribut*, impôt.

Touc, bateau ; *tout*, la totalité ; *toux*, rhume.

Vain, qui a de la vanité ; *vin* à boire ; *vingt*, adj. numéral ; *vint*. 3ᵉ p. du v. *venir*.

Van, à nettoyer le blé ; *vent* qui souffle.

Ver de terre ; *verre* pour boire ; *vers* de poésie ; *vert*, de couleur verte.

Voie, chemin ; *voix*, parole.

FIN.

TABLE

DES MATIÈRES PRINCIPALES.

Nota. Nous ne jugeons pas nécessaire d'entrer dans un détail minutieux et inutile. Celui qui voudra recourir à un principe ou à la solution d'une difficulté, devra d'abord examiner si le mot, objet de la question, est un nom, ou un pronom, ou un verbe, etc., et en parcourant le chapitre qui traite de ce mot, ainsi que le supplément, il trouvera certainement ce qu'il cherchera.

FIN DE LA TABLE.